AF275521

Presente

Presente

Tania Padilla

Sr. Scott

Primera edición: enero de 2024

©2024, Tania Padilla
©2024, Sr. Scott Libros

ISBN: 978-84-125238-9-8
Depósito legal: M-32404-2023

Diseño de cubierta: Sr. Bermúdez
Fotografía interior: ©Alberto de la Rocha
Impresión: Gráficas Summa

El papel empleado para la impresión de este libro procede de fuentes gestionadas de manera responsable.

MIXTO
Papel procedente de
fuentes responsables
FSC® C095393

La inteligencia es una cuchilla: discierne y abre su camino en el secreto de las cosas [...]. Mi instinto me dice que mi cabeza es un órgano excavador, como lo son los hocicos y las patas delanteras de algunos animales.

HENRY DAVID THOREAU

Hallazgo y propósito: una introducción

Importa transformar el mundo en la misma medida
en que da igual no transformarlo.

SALVADOR PÁNIKER

El otro día, camino del gimnasio, tuve lo que yo llamo una «epifanía literaria». Siempre me sobrevienen de la misma forma las ideas que quiero contar, así que con los años he aprendido a fiarme de mí. Al menos, en el caso de este primer fulgor, de esta pura intención de sentarme a teclear que me asalta como un latigazo. Pero esta vez quiero escribir algo nuevo. No una novela. O no exactamente una novela. Quiero escribir algo que nadie quiera publicar. Que de tan personal y necesario, sea absolutamente impublicable. Me refiero a impublicable si uno no es famoso, como es mi caso, porque cuando lo es (y sobre todo si es un famoso difunto), le acaban publicando hasta la lista de la compra.

Me siento muy cómoda escribiendo con mi ordenador nuevo, un Huawei chiquito con el que reemplacé hace poco un descomunal HP que no me cabía en ninguna mochila. Me gusta activar la retroiluminación del teclado, que tiene dos niveles de intensidad. A no ser que el sol entre de lleno por la ventana, cada vez que rozo las teclas se ilumina cada letra con una luz azulenca que invita a la pulsación. Dan ganas de redactar cualquier cosa con esta máquina.

Lo malo de escribir es que uno tiene que pensar antes. Y eso ya da más pereza. También podría ponerme a aporrear el teclado a mi aire, a lo Jarrett en *The Köln Concert*: ajkbaehfsx piwjmafngdu zlcunevhtdtbw. Pero me parece que no tengo ningún talento para la improvisación. Y nunca acabé de entender bien eso de la escritura automática. Será porque no me drogo. O no lo hago en el sentido estricto de la palabra. Digamos que únicamente me drogo bajo prescripción facultativa. Además bebo poco, casi nada ya, en parte porque las «drogas» que tomo no son del todo compatibles con el alcohol.

Estoy escribiendo esto porque, después de casi cien páginas de Word a doble espacio, me he quedado varada en medio de una novela. Es la primera vez que me pasa algo así. Normalmente me agarro como un salvavidas a esos versos machadianos que dicen aquello de «sabe esperar, aguarda que la marea fluya» y que yo siempre he aplicado al ejercicio literario. Pero he dejado pasar un día y otro y otro más, y la marea no fluye ni por asomo.

La novela en cuestión surge a partir de un intercambio epistolar que el padre de una amiga conservaba. La mayor parte de la correspondencia estaba escrita por un miembro de la División Azul que murió en Rusia y de quien, tras su última carta a la familia, nada se supo. «Tú verás lo que haces, pero aquí hay una novela», me dijo entusiasmado el padre de mi amiga, que llevaba años guardando con celo este pequeño tesoro. La gente siempre te dice esto de sus historias cuando se enteran de que escribes. Y casi siempre es mentira. Ninguna historia merece ser contada. Al menos, así de entrada. Luego uno se pone y, si lo hace medio bien, cualquier cosa vale. La autoficción les ha abierto el camino a todos los tontos.

En definitiva, a diferencia de lo que me ha pasado con otras historias, la idea de esta que el lector tiene entre sus manos (a saber qué lector será, a quién diablos me dirijo) surge para paliar la frustración que siento ante el hecho de haberme quedado bloqueada en mitad de una historia que, en principio, me interesaba contar. En cualquier caso, no culpo de mi bloqueo a las particulares características y circunstancias que han dado lugar a este relato, sino a los fármacos que me recetó el psiquiatra una vez que, tras varias sesiones, dio con mi diagnóstico, en el que ahondaré más adelante.

Después de un mes *in albis*, he vuelto a comprobar algo que ya sabía de otras veces: que mi vida sin escribir está descafeinada. Es más: llevar una vida de no escritora me sume en el hastío más profundo. Así que necesito poner fin a este forzoso descanso. Y a falta de una motivación mejor, me dispongo a pergeñar este engendro. Es como quien cultiva colza en lugar de dejar en barbecho la tierra.

Para evitar el descarrilamiento, al que siempre he sido proclive y que parece requerir de manera tentadora un texto de estas características, me he propuesto organizar mi discurso por temas. Así pretendo lograr un doble propósito: evitar, en la medida de lo posible, repeticiones, y estructurar (para mí y para ese eventual lector) el desarrollo de la exposición. De esta manera, ambos podremos dilucidar mejor las razones que me han llevado a abandonar un proyecto literario más o menos serio por este experimento egocéntrico que, para mi desgracia, llevo años criticando en otros autores. Sin embargo, he de reconocer que leí con cierto gusto *Yoga* de Carrère y, más recientemente y con menos gusto, el bastante ramplón *Fármaco* de Almudena Sánchez. Es evidente que no soy la única egocéntrica del campo literario actual. Y eso me consuela.

Jamás he sido una persona optimista. Más bien lo contrario. Y mi infancia la recuerdo relativamente feliz, aunque con demasiados momentos traumáticos, casi todos ellos vinculados a situaciones de abandono y desamparo. Nunca he acabado de comprender el mundo que me rodea, ni mucho menos mi papel en él.

Recuerdo que un día vino mi madre a la guardería

antes de la hora del almuerzo para echarme unas gotas en el oído (tenía una otitis o algo similar). Al verla irse y constatar que no me podía marchar con ella, que aún me quedaba media jornada más encerrada en aquel sitio, me puse a perseguirla a lo largo del patio hasta la puerta mientras lloraba como una descosida. También recuerdo que en el comedor rodeaba con mis brazos mi plato de comida, mi trozo de pan y mi vaso de agua. Necesitaba delimitar mi espacio frente al de los demás; quizá para afianzar mi lugar en el mundo, porque en realidad no me fiaba de ellos.

Los años en el colegio tampoco fueron mejores. Durante la primaria me pegué como una lapa a una amiga que hoy describiríamos como tóxica y que a las claras jugaba con mis sentimientos en una peligrosa linde entre el bien (me beneficiaba de su afecto, pues era la más popular de la clase) y el mal (me chantajeaba y a mí aquel comportamiento me parecía normal). Ya en el preescolar me había hecho amiga de un chico también popular, lo que me granjeó el respeto de los otros chicos de la clase, así que esto desactivó el peligro de los abusones. Sin embargo, un día faltó a clase mi amigo y todo se convirtió en un infierno. Me di cuenta entonces de que me amparaba su carisma, de que yo sola no era capaz de aglutinar encanto como para ser autosuficiente en el trato con el otro. Quizá por esta experiencia llegué algo tocada a la primaria, donde cogí la costumbre de llorar cada vez que faltaba mi amiga del alma, cuyo ambivalente cariño me hizo más mal que bien.

No tardé en reconocer los efectos de la adolescencia en mi cuerpo. Crecí demasiado pronto (por eso luego me quedé chiquitilla), me salieron las tetas antes que a nadie, y me dolían muchísimo cuando me ponía de portera y me daban un balonazo. A la portería se me confinaba con asiduidad porque ni se me daban bien los regates ni me gustaba el fútbol, pero resultó que era el principal entretenimiento en los recreos de mi inseparable amiga mafiosa, a quien me unía una especie de invisible hilo que cada vez era más tenue, pues con la edad me fui dando cuenta de lo hija de puta que era.

A mí lo que me gustaba y se me daba bien era el baloncesto, pero nunca supe cómo integrarme entre los chicos que lo practicaban en la cancha. Las niñas solían jugar a la goma o a la comba o permanecían sentadas devorando paquetes de Cheetos. Enseguida empecé a encorvarme porque me avergonzaban mis tetas. También mis caderas, cada vez más anchas. Odiaba de mí todo lo que me hacía mujer. Y luego vinieron los pelos, que pronto sembraron mis axilas y mis piernas y acabaron convirtiéndose en un nuevo objeto de burla ante el que mi congénita timidez me incapacitaba para defenderme. En casa fantaseaba con extemporáneas respuestas a mis atacantes que ensayaba ante el espejo. Cuando llegaba el lunes me quería morir. Entonces empecé a odiar los fines de semana; eran una trampa: me libraban de tener que enfrentarme a mis agresores, pero al mismo tiempo eran la antesala de mi reencuentro con ellos, a quienes acababa acostumbrándome a lo largo de la semana. Por eso mi día favorito siempre fue el jueves, y aún lo sigue siendo, pues ocupa un lugar intermedio entre la adaptación a la rutina laboral y el prometedor asueto del fin de semana.

Como contraste de la vida escolar, siempre me sentí cómoda en casa. Tenía unos padres modernos (quizá demasiado), un hermano mayor a quien consideraba mi mejor amigo, un abuelo escultor (un genio de su tiempo, miembro del vanguardista Equipo 57) que siempre fue mi favorito, y un buen puñado de tías abuelas solteronas que compraban mi afecto con billetes de 5.000 y hasta 10.000 pesetas que a menudo mamá me requisaba injustamente para comprarme ropa.

Me gustaría profundizar un poco en las figuras de mis padres, a quienes considero en parte «culpables» de mi identidad. Noto que cada vez me parezco un poco más a ellos, a los dos. No físicamente, pues soy más bien una mezcolanza de mis dos abuelas, pero sí a nivel de pensamiento.

Mi padre casi no estuvo presente durante mi infancia. Su verdadera hija siempre fue la tienda de muebles que, como en un perfecto trasvase genealógico, había heredado de su padre. Tuvo un hermano mayor despótico (un verdadero cabrón a quien me daba pánico tan solo acercarme a darle un beso) que siempre lo achantó y que quizá marcó su comportamiento de por vida: una extraña combinación entre sumisión y explosión (pasivo-agresividad de libro). Mi padre siempre ha sido un mal escuchante y un excelente contador de historias. Con la edad se limita a pensar en lo siguiente que va a decir mientras apenas se molesta en fingir que te está escuchando. Su relación de amor-odio con el trabajo lo lleva a vivir permanentemente estresado. Su fuente de satisfacción está en el mismo sitio que la de su perdición, lo cual es un problema.

Por su parte, mi madre siempre estuvo particularmente atenta a sus hijos, a quienes procuró tratar de forma equitativa. Quizá su sobreprotección nos impidió inmunizarnos a tiempo ante las acechanzas del entorno, que pronto aprendimos a percibir como hostil; y yo con más fuerza que mi hermano, a quien, por lo general, considero más integrado en la sociedad, esto es, más conforme con la vida. La sobreprotección de mi madre no limitaba su ejercicio a la presencia más inmediata, sino que desde siempre ha sido usuaria de eso que Samanta Schweblin denomina «distancia de rescate», que es la que la madre aplica con el hijo y que se traduce en una especie de hilo invisible (una correa) que te controla y tironea cuando estás fuera de casa y te pasas de la raya.

Quizá en este apartado he acabado descarrilando un poco. Sin embargo, creo que en la introducción a esta obra (engendro, egocéntrico desahogo) he logrado poner en antecedentes al lector de algunos aspectos de mi niñez. Y es que, sin ser en absoluto freudiana, creo firmemente en el papel que juega la infancia en el posterior desarrollo de nuestra vida adulta. Sin duda, hoy soy el resultado de aquella niña tímida y temerosa del trato con el otro, que empezaba a no entender cuál era exactamente la finalidad de la vida y que estuvo en exceso amparada por una familia cariñosa que representaba todo lo opuesto a los sucesivos microcosmos de la guardería, el colegio y el instituto. Todavía me reconozco en aquella niña que pronto aprendió a refugiarse en el estudio de su abuelo escultor, en los cuadernos de inventos que pergeñaba y en el diccionario Iter Sopena de bolsillo que siempre llevaba encima. Con él me recreaba durante el verano en la definición de las cosas que veía (piscina, toalla, hamaca, palmera, barbacoa), que ya me interesaba más que las cosas mismas. Sin duda, en aquella niña estaba ya esta mujer que hoy os habla desde uno de los momentos más feos de la historia de su vida.

La literatura

Por medio del arte logramos una feliz transacción con todo lo que nos hiere o nos vence en la vida cotidiana, no para escapar al destino, como trata de hacerlo el hombre ordinario, sino para cumplirlo en todas sus posibilidades: las imaginarias.

LAWRENCE DURRELL

Estas citas iniciales las extraigo de mis diarios, donde las copié en su día porque me pareció que contenían algo así como «enseñanzas de vida». En realidad, yo no llamo a esos cuadernos que voy acumulando «mis diarios» porque no creo que lo sean *sensu stricto*. O tal vez porque no me gusta determinada imagen de mí llevando un diario. Sobre esto, que puede resumirse en mi tendencia a no aceptar la realidad, hablaré más adelante. En definitiva, a esos diarios que voy completando a mano con una Parker Sonnet que me autorregalé en Burdeos con mi primer adelanto por una novela los llamo siempre «mi cuadernito».

Mis cuadernitos nacieron como fruto de una crisis

anterior en la que me propuse plasmar por escrito los sentimientos que me asaltaban, los pensamientos que se me ocurrían al reelaborar aquellos. Aunque durante la adolescencia ya había llevado algún diario (de esos custodiados por un candadito), escribo sistemáticamente a lo largo de sucesivos cuadernos desde el 27 de febrero de 2017. Empecé en parte por recomendación de mi hermano, que es psicólogo y siempre ha estado ahí para ayudarme a entender mejor todo lo malo que me pasaba. Ya llevo cuatro cuadernitos completos; ahora voy por el quinto. No sé si me sirve de algo plasmar lo que siento o pienso en el transcurso de mi vida cotidiana. Pero sigo haciéndolo desde entonces. A veces me duele remover las cosas, otras, me alivia, pero siempre me resulta terapéutico sondearme. Desde luego, obligarme a contarme el mundo me ayuda a entenderlo mejor. Para mí la palabra no es la cosa (a la mierda Foucault); para mí la palabra es la idea, y la idea es la vida. Para mí la vida es una cuestión de paradigma. No está en las cosas, en los eventos que nos suceden, en nuestro día a día. Yo pienso que la vida está en la manera en que nos la tomamos. Y oscila no *per se*, sino a causa de la inestabilidad de nuestra mirada.

Nunca he creído en la inspiración, pero sí en ese fulgor sobrevenido, en esa epifanía literaria que lo mismo me asalta haciendo pis que en una clase de pilates. Es una especie de «causa incausada», como ese motor primero que mueve el mundo según Aristóteles. Cuando hago caso a ese arrebato, acierto. La experiencia me lo corrobora. Así, en la escritura procedo desde una intuición o chispa inicial que acabo desplegando durante numerosas horas de trabajo racional y más o menos estructurado. Esto es, quizá, lo que más me fascina de la literatura y lo que verdaderamente me engancha de ella: el proceso mediante el cual soy capaz de crear algo plausible a partir de ese fulgor que me asaltó haciendo algo pedestre. La posibilidad de levantar un proyecto decente a partir de una imagen sobrevenida (que no sería nada si yo no hubiera puesto mi atención sobre ella), un espacio físico o psicológico, un personaje, una vivencia que de pronto me asalta, me sigue pareciendo una anomalía. Quizá es de esa necesidad de consumar todo este proceso, desde esa chispa inicial a las letras finalmente impresas sobre el papel, de donde vienen todos mis demás problemas. Tengo que pagar el castigo de intentar robarle el fuego a los dioses.

En realidad lo que a mí me hubiera gustado es haber nacido con el don del dibujo. Cuando era niña, llevaba siempre encima una libreta en la que ideaba cacharritos que yo consideraba que faltaban en el mundo porque nadie los había creado aún. La estructura de la exposición de cada invento siempre era la misma: título, dibujo con flechitas que glosaban cada uno de sus componentes, explicación de su funcionamiento y autoevaluación, esto es, explicitación de su factibilidad como artículo futuro. He de reconòcer que la mayoría eran un poco disparatados; sin embargo, hubo alguno que vi realizado luego (no estuve atenta a las patentes). Echo hoy un vistazo al cuaderno, que aún conservo, y veo un monopatín teledirigido, unos guantes calefactables, un cinturón de seguridad que se desabrocha cuando detecta fuego en el coche, un traje de astronauta con aire acondicionado para los veranos andaluces… Recuerdo cómo se me premiaba el material en casa, donde siempre se valoró de forma especial cualquier actividad mínimamente creativa (supongo que por el hecho de que mi abuelo fuera artista). Debo a ese entusiasmo ante mis primeras tentativas gran parte de mi seguridad para seguir creciendo.

Un poco más adelante, fui completando un cuadernito donde plasmaba curiosidades varias, algo así como un libro de texto de Conocimiento del medio en plan casero. En él lo mismo hablaba sobre el código morse, que sobre los tipos de clima o los dioses griegos. Me excitaba la idea de que todo mi mundo cupiera en una libretita Taurus. En la transición a la adolescencia, allá por mediados de los noventa, me dio por comprarme bolígrafos de gel con los que pintar dibujos naif que me llevaban varias jornadas de trabajo y en los que retrataba espacios con gente: un aeropuerto, un centro comercial, un parque de atracciones, un quirófano. El encanto estaba en la recreación de los más ínfimos detalles (personas y cosas), en un intuitivo uso de la perspectiva y en una marcada tendencia al *horror vacui*. El resultado gustaba a mis familiares (mi público cautivo), que siempre hablaban de mi talento a sus amigos.

Ya siendo adolescente comencé (error) con la poesía. Formaba versos que a veces rimaban y a veces no, y me pasaba por el arco el cómputo silábico (¿restricciones a mí?). Enseguida supe que aquello no era lo mío y me pasé al cuento. En esa época empecé a comprarme libros (clásicos y contemporáneos de la novela, la poesía y el teatro). Incluso dediqué varias tardes de un agosto a aprenderme el célebre monólogo de Segismundo en *La vida es sueño*, que aún me sé igual de bien que el Padrenuestro. Por entonces despreciaba los libros de El barco de vapor, que acabé asociando a escolares lecturas obligatorias de baja estofa. Les decía a mis amigas (escasas) que no iba con ellas a la sesión *light* de la discoteca porque no tenía botas altas ni falda de putilla, pero en realidad me reservaba los viernes para visitar exposiciones de arte y librerías, donde me engolosinaba durante media tarde, la paga palpitante en mi bolsillo, intentando decantarme por alguno de los títulos que me interesaban. Era solo un libro por semana; el resto de paga me lo guardaba para el cine o el videoclub, mis otras grandes pasiones. Estos hábitos me hacían creerme moralmente superior. Mi razonamiento era más o menos el siguiente: mientras mis amigas (pocas) pasaban la tarde *casquivaneando* en la disco de medio pelo desde las cinco de la tarde, yo me culturizaba. Y además estaba convencida de que mi ocio retroalimentaba mi rendimiento académico o que, en cualquier caso, sus tardes de asueto en absoluto retroalimentaban el suyo. En realidad, «quitarme el boquerón» era algo que no me corría prisa, las bebidas alcohólicas nunca me interesaron demasiado, y tabaco ya fumé bastante gracias a mi padre en unos tiempos en los que daba igual que la pintura del salón amarilleara un poco.

Casi sin pasar por el cuento (nunca acabé de comprender el formato), me entregué a la novela y, tras una tentativa fallida de algo alegórico y refitolero que sirvió para armarme el ego en este campo, logré acabar una obra a los quince años. No era buena, por supuesto, pero era una acumulación de páginas suficiente como para considerar que debía entregarle un ejemplar a mi profesora de Lengua, quien me felicitó por el esfuerzo y por mi «inusual capacidad verbal». Aquello me dio alas y me puse a escribir nuevas historias: alguna novelita más y varias obras dramáticas. Empecé a frecuentar el por entonces único teatro de mi ciudad, y enseguida me sentí atraída por el reto que suponía escribir diálogos. Aún hoy me siguen pareciendo lo más difícil, pero a la vez lo más gratificante, a la hora de escribir novela.

La literatura acabó sirviéndome de refugio cuando mi primera depresión me obligó a abandonar el instituto, que retomé al año siguiente repitiendo curso a pesar de la indecente propuesta de los profesores de hacer la vista gorda (ser una chica buena es lo que tiene). A partir de entonces, procuré volcar mi celo en la creación literaria antes que en los estudios, que me perjudicaban más la salud. Nunca lo logré del todo. Y desde entonces esta doble faceta mía (lo académico y lo literario) me convertiría en una suerte de figurilla similar a la de aquellos lares y penates que los romanos colocaban en las encrucijadas de las casas para vigilar las dos puertas al mismo tiempo. Solo el verano me ofrecía un amplio espacio de tiempo para leer (siempre es cuestión de espacio y tiempo, ambos son los que conforman esa «habitación propia») pero, sobre todo, para escribir.

Sin embargo, el largo verano de mi vida me lo regalé al acabar la insufrible selectividad, que superé con una nota excesiva para entrar en la por entonces poco demandada Filología hispánica. De todos modos, postergué mi matriculación en la universidad porque me becaron durante un año en la Fundación Antonio Gala para jóvenes creadores, una suerte de Residencia de estudiantes donde la clave estaba en lo que el escritor cordobés definió como «fecundación cruzada», esto es, que el músico aprendiera del novelista, el novelista del pintor, el pintor del poeta y así sucesivamente. Fue el año más especial de mi vida. Aquella época me dio, además de la posibilidad de una prolongada (y literal) habitación propia (tiempo, espacio y también dinero, el tercer factor de la ecuación, pues la beca cubría alojamiento y comida), algunos de mis mejores amigos y, andando los años, mi actual pareja. El lema de la Fundación es un verso del bíblico *Cantar de los cantares: pone me ut signaculum super cor tuum*, «ponme como un sello sobre tu corazón».

Quienes hemos pasado por ese antiguo convento del Corpus Christi, del que han salido grandes pintores, músicos y escritores del panorama actual, hemos sido marcados de por vida, convertidos así en una suerte de selecto ganado. Como era esperable, la expulsión de aquel utópico microcosmos nos devolvió a una realidad completamente nueva.

Al salir del convento empecé la carrera. A los dos años de desfase con mis compañeros debía sumarles mi experiencia en aquella residencia de artistas, que psicológicamente me posicionaba unos peldaños más arriba. Por supuesto, los otros alumnos me defraudaron. Y yo a ellos, sin duda. Sobre todo cuando empecé a acaparar todas las matrículas de honor. Una vez más, me sentí completamente sola. Años después, acabé juntándome con estudiantes de cursos superiores que me hicieron más tolerable mi paso por aquel antiguo hospital del siglo XVIII que es la Facultad de Filosofía y letras de Córdoba (toda mi experiencia cultural «reglada» ha transcurrido en edificios históricos). Exceptuando a algunos contactos, de la carrera me llevé únicamente dos cosas: un importante bagaje de lecturas hispánicas de todos los tiempos y geografías, y una comprensión profunda de la etimología y la sintaxis que habría de servirme para pulir «desde dentro» mi estilo.

La soledad de la carrera la compensaba, una vez más, con la escritura, para la que nunca disponía del tiempo suficiente. Decidí empezar por entonces una novela ambientada en aquella evocadora facultad por cuya trama lo mismo pululaba un decrépito Góngora que un taimado Goebbels. No sé si se llegó a entender, pero mi idea era hacer un *Quijote* de los *bestsellers* actuales, es decir, un *bestseller* con cierto vuelo cargado de autosarcasmo y elaborado con un barroco estilo con el que ya casi no me identifico. Fue la primera novela que publiqué, año 2013, en una editorial independiente. Salí en algún suplemento cultural y, gracias a los entregados alumnos de mis talleres de escritura creativa, logré sacar una segunda edición mejor editada, esto es, un poco menos cutre.

A pesar de mi incesante actividad literaria (aunque siempre compaginada con trabajos nutricios), tardé tres años en publicar mi segunda novela, que en realidad era un manuscrito que salió de mi estancia en la Fundación. No me convencía ya del todo el tono, esperpéntico y humorístico, que había logrado pulir con los años, pero tras una esmerada revisión del texto logré ganar un premio con esta historia. Al año siguiente, gracias a otro premio publiqué mi tercera novela, en la que llevaba años trabajando y cuya chispa inicial (mi mágico fulgor) me sobrevino en Sintra durante una visita a la rarísima Quinta da Regaleira. Pues bien, desde entonces, año 2017, no he logrado publicar ni una sola novela. Y resulta que estamos en 2022 (para el lector que lea mis palabras extemporáneamente).

Una supone que haber publicado es seguir publicando. Pero enseguida entiende que eso no va así. Que las novelas (unas buenas, otras un poco peores) se van acumulando en el cajón, como cuando una estaba empezando, como cuando fantaseaba con ser alguien. No sé si algún día lo fui o nunca he llegado a serlo. Lo que sí sé es que llevo sin publicar cinco años y que ya son tres las novelas que tengo en el cajón. Una de ellas la tengo comprometida con una editorial pequeñita y se supone que saldrá en 2023 (en realidad no me fío mucho de este proyecto porque aún no he firmado ningún contrato), pero para las otras no encuentro acomodo. He sido rechazada por agentes y editores, he perdido concursos (no ganarlos es eso) o, en el mejor de los casos, he quedado finalista. No puedo presumir excesivamente de padrinos ni contactos, pero tampoco es que me falten. Sin duda, esta situación contribuye a que ahora mismo esté escribiendo esta cosa en lugar de una novela *comme il faut*.

Hace poco inicié la novela «por encargo» que mencioné antes (la del soldado de la División Azul) y he ido avanzando en ella a trompicones, desmotivada a medida que iban pasando los meses sin tener noticias de las otras. He llegado a tomarle fobia al correo electrónico, por alimentar esperanzas vanas, por no regalarme en todos estos meses ninguna sorpresa grata. Ya solo lo miro por las mañanas, en horario de trabajo, y lo he desvinculado del móvil. He aprendido perfectamente por qué la esperanza está en la caja de los males de Pandora. La esperanza es terrible, demoledora. Debería insistirse más en esta idea en Occidente. Los orientales lo tienen más claro. Pero de todo esto, que me interesa mucho, hablaré también más adelante.

Yo siempre he dicho que no escribo para que me lean, pero está claro que es mentira. No es que quiera publicar por tirarme el pisto. Tampoco por una cuestión de fama o autocanonización. En absoluto me preocupa que pasen años *in albis* en lo que a la imprenta respecta. A unas malas, esto solo repercutiría en una menor homogeneidad de mi futura trayectoria que dificultaría la segmentación en etapas de cara a los estudiantes de filología del siglo XXII. *Peccata minuta* porque, suceda o no, jamás me enteraré. Lo que me pasa es bastante más simple que todo esto: quiero publicar para que me lean porque todo acto de habla (menos, quizá, el de los locos) está hecho para ser escuchado. Y la literatura, aunque no es un partido de tenis (el lector nunca nos devuelve la pelota), es un frontón, que ya es algo. Aunque pueda parecerlo, no ha de ser nunca como echarse un solitario, onanismo puro. La estética de la recepción, con Umberto Eco a la cabeza, ya lo matizaba: la literatura es un ejercicio de transmisión de información para el que no existe réplica pero que puede contribuir a ensanchar el «horizonte de expectativas» de quien lo lee, generando en él un efecto. Los mundos los crea un autor para sus lectores. Aunque me guste verme plasmándolos, yo ya me los sé. La diferencia entre las ideas y el armazón de palabras en que fraguan es la que existe entre la potencia y el acto. En la primera se vislumbra el segundo, pero el acto se acaba imponiendo. El acto es materialidad pura. Por eso sigo escribiendo a pesar de que no tengo lectores (los de mi círculo de confianza no cuentan, porque además nunca son de fiar: me quieren y no van a atreverse a hacerme daño): necesito ver los actos, los resultados, para saber cómo se desarrolla esa potencia inicial. Transformar las ideas en palabras me sirve para explicarme el mundo. Escribo para mí, qué remedio, pero bien sabe Dios que también me gustaría escribir para los otros. A mí me sirve lo que escribo: me consuela, me muestra cómo soy, cómo pienso, de lo que soy capaz. Además, la novela me permite crear realidades que ni son ni van a ser. Contribuyo a complejizar el mundo. Pero desde hace unos años lo hago solo para mí. Lo cual es una pena.

Con el permiso de dramaturgos, ensayistas y poetas, sinceramente creo que la novela es la gesta literaria (e incluso artística) más compleja que un ser humano puede llevar a cabo. Es como hacer arquitectura con palabras. Se aboceta a golpe de vislumbres, pero se ejercita con pausa, a ritmo de tractor. Ese contraste es adictivo. Ser novelista condiciona mi visión del mundo. Estoy en la vida como en una narración: las cosas, las personas, los espacios… Todo tiene una finalidad, una teleología. Siento la imperiosa necesidad de estarme siempre explicando el mundo. Y escribir novelas me ayuda a encontrar las respuestas que necesito. Ser escritor (o me atrevería a decir artista en general, pero artista de veras, no un diletante que dice ser «creativo») condiciona tu manera de estar en el mundo.

Para empezar, si uno es escritor de veras, no puede estar conforme con las cosas como son. Un escritor busca dinamitar el *statu quo*. Se rebela contra la vida tal y como está conformada. Vive en permanente confrontación con todo. Con la religión (con todas: solo puede optar a espigar lo más selecto de cada una y tal vez de forma arbitraria), las costumbres sociales (el matrimonio, la familia, el funcionariado) y, desde luego, la política. Por eso nunca me parecieron de fiar los autores de literatura social. ¿Qué es eso de «literatura social»? La literatura no debe estar al servicio de nada salvo de sí misma: no es una herramienta sino un fin. La literatura solo es equiparable a la vida. Por eso a mí siempre me han interesado los escritores realistas (Pérez Galdós, «Clarín», Tolstói) o aquellos que, sin dejar de serlo, se burlan de las cosas desde una ironía rayana en el sarcasmo que convierte sus narraciones en algo aún más realista (Valle-Inclán, G. K. Chesterton, Tom Sharpe, J. D. Salinger, Jeffrey Eugenides, John Irving, Jonathan Franzen). Asimismo, soy una apasionada de la literatura que es capaz de crear nuevos mundos bajo nuevas reglas que exacerban lo que, en última instancia, se nos plantea como un «realismo imaginado» (Virginia Woolf, Jorge Luis Borges, William Faulkner, Marcel Proust, Lawrence Durrell, Muriel Spark, Javier Marías, Mariana Enriquez). En definitiva, pienso que hacer literatura supone crear paradigmas nuevos de vida. No poéticos (la poesía es una forma de desvío, de distorsión, de jueguecito con lo ininteligible), sino reales, factibles. Me justifico en aquellos casos que *a priori* puedan parecer contradictorios: el *Orlando* de Virginia borra la diferencia entre sexos que en el fondo subyace tras cualquier maniquea construcción social; «El Aleph» de Borges es el caleidoscopio (en un sentido figurado pero tangible) por el que se asoma el artista a la hora de contarse el mundo; Justine es una muestra de la mujer alejandrina, y la primera noche en Balbec refleja cómo me siento yo misma cada vez que viajo.

En mi bagaje vital hay vivos recuerdos de libros, entremezclados todos ellos con los de mi vida auténtica, la que me ha tocado en suerte, en la que hago cosas: trabajo, me alimento, mantengo sexo, me relaciono con otros seres, voy al gimnasio. Veo películas. Esto, el cine, las series, es lo que más me gusta después de los libros. Al fin y al cabo el cine es narración, pues una de las piezas fundamentales del *polisistema* (Zohar) que lo constituye es el guion. Por eso me entusiasman los cineastas que me cuentan historias, como en la literatura, más o menos distorsionadas (Billy Wilder, Alfred Hitchcock, Ernst Lubitsch, George Cukor, Stanley Kubrick, Woody Allen, Quentin Tarantino, Paul Thomas Anderson, Céline Sciamma). El cine también son historias, luego es narración, luego se aproxima a la novela, luego me interesa casi tanto como ella. Casi tanto. Sigo colocando la palabra por encima de la imagen. Creo que el esfuerzo para transformarla en vida es mayor. En el fondo, el cine es un teatro para los que no tienen imaginación. Un teatro «mejorado», potentísimo, pero facilón. Hay más gente que ve series (viva Netflix) que gente que lee. Y claramente eso pasa porque el que llaman Séptimo es un arte más democrático, esto es, menos refinado. Un proceso es más complejo que otro: frente al ver y asimilar del cine, el descifrar, traducir y asimilar del libro. No obstante, como ya he dicho, adoro el cine. También las artes plásticas (pintura, escultura, fotografía) y tal vez, en último lugar, la música, pues siempre tuve un oído malísimo y escasa paciencia para desarrollar el gusto necesario que me permita disfrutar de lo que se considera excelso en este campo.

En definitiva, pese a los descarrilamientos discursivos, en los que no me sofreno porque creo que en ellos también soy y necesito escucharme, lo que trato de expresar bajo este epígrafe es que me sorprende que me esté costando escribir más que nunca. Lo primero que me sale es culpar a la medicación, tesis que mi psiquiatra corrobora. Pero no dio buenos resultados bajar la dosis. O creatividad o tristeza. O felicidad o estulticia. Esas son las cuestiones. Escribo esto también a trompicones, con cierta angustia cada vez que abro el archivo de Word en mi escritorio. Nunca antes me había pasado nada parecido. Verme obligada a parar a la mitad una novela por invalidez mental, sentirme impelida a hablar de mí misma porque me escribo encima si no puedo canalizar palabras en textos más o menos coherentes. No haber tenido la oportunidad de publicar desde 2017 y haber recibido varias no respuestas o respuestas negativas en los últimos meses tampoco ayuda. Escribo a lo Sísifo. Inútil, trabajosamente. Pero no puedo dejar de hacerlo. Hace unas semanas me lo planteé, aunque no como un acto temporal, sino como un gesto épico de definitiva renuncia. Si la sociedad no me quiere reconocer (o seguir reconociendo) como escritora, lo dejo. También cabría la posibilidad de llenarme de piedras los bolsillos, morder un cañón doble, meter la cabeza en el horno. Pero yo no estoy hecha de esa pasta. Para consolarme fantaseo con los ejemplos de El Greco o Van Gogh, que iban por delante de un tiempo que no estaba preparado para asimilarlos, también me acuerdo de Gide rechazando *En busca del tiempo perdido* o de las dificultades de *Cien años de soledad* para abrirse paso en un campo literario que no estaba receptivo.

Pero, a pesar de que pienso que las tres novelas que tengo en el cajón (aguardando su momento, caducándose) son mejores que las que tengo publicadas, lo que la mayoría de veces se impone es el vislumbre de mi mediocridad. No vales, Tania. No sirves. Déjalo. Y son estas palabras las que me hacen flaquear de verdad, más allá de la medicación y del aturdimiento al que me somete en su intento de hacerme una persona normal. Son estas palabras las que lo anegan todo, haciendo tapón en la historia que me traía entre manos, minándome esa mínima seguridad que todo artista ha de tener en lo que hace.

A pesar de que esto que escribo parece egocéntrico, lo hago desde el instante menos egocéntrico de mi vida. Tengo la autoestima literaria más baja que nunca, lo cual equivale a decir la autoestima en general, o más: la piedra angular de mi autoestima. Antes que persona soy novelista. Y si el silencio del mundo editorial con respecto a mi obra me dice que como novelista soy un fracaso, se me desmorona la identidad. Suerte que las pastillas me mantienen a flote. Gracias a ellas soy una persona normal: equilibrada, sensata, mediocre. Pero dentro de mí sigue estando ese latido artístico que me llama desde las sombras. Debo seguir transformando la potencia en acto, incluso ahora que me siento tan inválida. Y tal vez ahora más que antes. Quizá pueda tomarme todo este proceso como una prueba. Una prueba de qué. Pues yo qué sé, de mi compromiso con la literatura, que va más allá de lo que piense de mí el mercado, de mis talentos literarios (los objetivos, si es que existen, y los subjetivos), de la opinión (dudosa siempre) de quienes transforman su aquiescencia en actos. *Voilà*: su novela a la venta.

Al margen de que me mienta o no a mí misma, siempre me queda este consuelo: ver la cantidad de basura que se publica. Porque eso me corrobora que no publico porque sea mala, sino porque no estoy teniendo suerte.

O porque no me politizo. O porque no hago literatura de género. O porque mi estilo no está de moda. O porque no soy hombre. O porque no doy el perfil de mujer. O porque porque.

Y un segundo consuelo: quien vale hace; quien no, enseña. E investiga. Últimamente digo siempre que trabajo en la universidad y escondo que soy escritora. Como si fuese puta en secreto, como si enseñar y desentrañar a quienes hacen literatura fuese mejor que ser una de ellos. Y resulta que yo me muero por ser una de ellos. Si es que ya no lo soy.

La universidad

En esta sociedad de obligación, cada uno lleva consigo
su campo de trabajos forzados.

BYUNG-CHUL HAN

Un día decidí volver a la universidad. O, por ser más rigurosa, a la Universidad, porque ahora no me refiero al edificio sino al concepto. Sigo sin saber si cometí un error. A pesar de que mi impecable trayectoria académica me auguraba un prometedor futuro como doctora, una enorme crisis en quinto de licenciatura me hizo optar por una opción más bohemia. Entonces entendí bien que era eso o atiborrarme de por vida a pastillas (como finalmente ha sido). Pero la decisión de volver la tomé, como es lógico, después de irme. Así que acabé la carrera y me negué a hacer el máster que me habilitaba para un futuro doctorado. De esta forma alejaría más aún de mí la tentación. *Noli me tangere.*

Entonces me volqué en un proyecto autónomo (no solo en el sentido metafórico, pues me di de alta como tal) que consistió en dirigir un centro de formación. Clases de refuerzo, técnicas de estudio, idiomas, apoyo psicológico, talleres literarios. Constituí un equipo en quien confiaba: amigos, familia, un ex (que lo fue luego, cuando el negocio salió mal). De aquella academia que monté desde cero aprendí muchas cosas: a llevar el papeleo de una empresa, a cobrar a los clientes y pagar a los trabajadores, a ratificar mi odio hacia los niños (solo los adolescentes de bachillerato empezaban a parecerme un auditorio tolerable); pero, sobre todo, a ser una paradójica (*muero porque no muero*) patrona obrera que al cerrar el negocio se pasaba por la acampada del 15-M para ver dónde podía echar una mano. A todas luces por entonces era, en el sentido más amplio del término, una idealista. Creía que el 15-M era la Revolución y que con una academia de barrio llegaría a fin de mes. La realidad, esa cosa que yo me empecinaba en ignorar, me puso en mi sitio.

Así que decidí volver a la universidad. Puede que reclamada por la ambición de ser doctora, puede que empujada por la precariedad económica, me acabé matriculando en un máster que me habilitaba para ese doctorado al que renuncié en su día. Obtuve un contrato predoctoral con el que hice una tesis de un poeta menor de la primera mitad del XVIII. Así acabé convirtiéndome, sin absoluto quererlo, en eso que en el argot académico se llama una «dieciochista». Somos menos, se ríen de nosotros porque nuestro siglo no fue de Oro, pero precisamente por eso somos más humildes que los siglodoristas, esos pedantérrimos.

Compaginé la tesis con la literatura ahondando aún más en esa esquizofrenia que habría de constituirse en mi característico perfil vital. Y así sigo: doctora desde hace tres años con tres sucesivos contratos postdoctorales tan breves como precarios, y escritora durante todas las tardes que puedo tomarme libres. A los resultados económicos derivados de la literatura renuncié hace tiempo, así que, ya acreditada como contratada doctora (la figura inmediatamente inferior a la de profesora titular), espero rampante a que salga alguna plaza en mi departamento. Será sacarla o irme fuera (de mi ciudad de provincias, de España, de Europa, del planeta Tierra).

A lo largo de todos estos años ligada al mundo universitario también he aprendido muchas cosas. Odio los congresos (ni me gusta conocer gente, ni me gusta escuchar ponencias de temas hiperespecíficos que me chupan un pie), me motiva la docencia más de lo que pensaba (el *feedback* que obtengo de los alumnos suele ser bueno y quizá por eso salgo de clase con un subidón químico que antes de la medicación me descentraba bastante), me interesa la investigación (aunque todo sea una parida, al menos practico jueguecitos intelectuales con la literatura y, en ocasiones, también con el cine, que son las dos cosas que me interesan de veras), y me estreso mucho cuando el medio (hacer currículum) se transforma en el fin último de la carrera (literal) académica.

El que gana no siempre es el mejor, es a menudo el más vivo, el buen estratega. Lo más desconcertante para mí es que me falta el impulso para implicarme de lleno en este juego kafkiano: publicar lo máximo posible en las revistas mejor indexadas, coordinar congresos, monográficos, actividades de divulgación científica, solicitar proyectos, hacer estancias en el extranjero (a estas experiencias les dedicaré un capítulo aparte), asistir a congresos, hacer papeleo, hacer papeleo, hacer papeleo. Cuando me preguntan, digo que soy profe de universidad (esto es lo que entiende y admira más la gente), pero en mi fuero interno me siento preponderantemente investigadora. Lo que en realidad soy es una burócrata que cuando tiene tiempo investiga y cuando la obligan da clases.

Desde fuera parece que la universidad es un sitio prestigioso. Aunque cuando uno se matricula en una carrera ya empieza a barruntar algo de la verdad subyacente. Sin embargo, dudando de su humilde criterio, enseguida piensa que la mediocridad es lo esperable en una ciudad de provincias española. A fin de cuentas, qué se puede esperar en un sitio que no sea Cambridge, Oxford, Harvard. Entonces se marcha de Erasmus a una de estas universidades y descubre que tampoco son para tanto. Así, a través de un sencillo silogismo (si en esas universidades prestigiosas he visto la misma precariedad científicodocente que en la mía, toda la Universidad —el concepto, no el edificio– es precaria), el estudiante ya sabe lo que se cuece en nuestro particular gueto de aparente exclusividad. No obstante, aunque todos los estudiantes han tenido profesores pésimos y han leído artículos de medio pelo, la verdadera trastienda de la universidad se vive cuando se está dentro.

A ver, alumnos y profesores buenos hay en cualquier parte. Pero los malos son legión. Aquí y en Sebastopol. En mi caso, durante la carrera tuve una profesora de gramática española que, incapaz de dar una clase sin leer los materiales, el día que se rompió el retroproyector apoyó las láminas contra los cristales de la ventana. Entonces me indignaba. Ahora que estoy dentro también he descubierto que, además de malos docentes, hay pésimos investigadores. Por citar tan solo un ejemplo, sé de uno que en sus artículos científicos copia párrafos completos de Wikipedia. Lo peor es que, salvo excepciones, los malos investigadores son también pésimos docentes y a la inversa. Porque investigación y docencia comparten un atributo: la pasión. Platónicamente hablando, me refiero al amor como motor del mundo. Nuestros actos más nobles (y hacer bien nuestro trabajo debería ser uno de ellos) surgen del apasionamiento, esa forma de amor que, aplicada a una actividad, hace que obtengas los mejores resultados. Si te notan apasionada por lo que explicas, arrastras a los alumnos contigo; si te apasiona la investigación, ese impulso queda plasmado en ella. En los últimos años he llegado a la conclusión de que es más útil apasionar a los alumnos que a otros investigadores, esos cuatro o cinco que leen tus trabajos hiperespecíficos, normalmente en diagonal y con el único deseo de ver dónde encaja tu discurso en el suyo para poder citarte de forma coherente.

Desde mi nula vocación docente, traducida en un escepticismo que me empuja a no tomarme las clases en serio (me las preparo bajo mínimos y a menudo las improviso), he descubierto que lo mejor que puede ofrecer la universidad es constituir un espacio para la mayéutica socrática. Yo pregunto, ellos responden; yo afirmo, ellos me rebaten. Y la verdad acaba saliendo. La verdad o lo que sea, pero algo sólido: una opinión, ese espíritu crítico que los pertrechará para enfrentarse a la selva de ahí fuera. En mis clases siempre procedo de la misma manera: disecciono el texto (literario o fílmico) para luego volver a armarlo, ya comprendidos cada uno de sus componentes. Dos movimientos: análisis-síntesis. Siempre insisto en esta idea. Procedemos como quien desmonta un enchufe para ver cómo funciona. En este proceso los obligo a acompañarme, a que me contradigan, a que aprendan a encajar las piezas por sí mismos. Etimológicamente «educar» significa guiar, pero a menudo soy yo la que es guiada por ellos. Invertimos los roles porque el aula se transforma en un espacio transversal de pensamiento crítico (quizá me quedaron secuelas de la «fecundación cruzada» de la Fundación Gala), una suerte de colectiva máquina mental con dos movimientos: el centrífugo y el centrípeto. Separar y unir.

Sabiendo dónde están los límites de aplicar este ejercicio al análisis de una obra literaria o cinematográfica, sinceramente creo que el proceso desarrollado puede extrapolarse a cualquier aspecto y que sus resultados inoculan en el alumno un deseo de seguir sabiendo (seguir leyendo, seguir viendo).

Las Humanidades son eso: un paradigma, una forma de pensar el mundo. Soy yo la primera que dudaba de su utilidad. Las matemáticas sirven para hacer puentes, la medicina para curar. Lo que hacemos nosotros es un mero ejercicio mental, una pirueta de payaso, algo absolutamente prescindible. Pero si lo miramos desde un ángulo más justo, mientras que la ciencia (la Ciencia) y la tecnología se ocupan de «cosas», las Humanidades (llamadas ahora «Ciencias humanas» para quitarnos el complejo) se ocupan del pensamiento y el lenguaje, esto es, del paradigma en el que se insertan los puentes y los quirófanos y los teléfonos móviles. Si el mundo fuera como en *Matrix*, sería el filólogo quien dominaría el código, pues el pensamiento y el lenguaje verbal son previos al lenguaje numérico. La preeminencia de la figura de la lingüista en el filme *La llegada*, de Denis Villeneuve, basado en un relato de Ted Chiang, es un buen ejemplo para entender lo que planteo. Llegan los extraterrestres a la Tierra y lo primero que requerimos es un filólogo, puesto que necesitamos entender en qué lenguaje nos están hablando, qué quieren de nosotros. En el principio era el Verbo. Y luego ya vinieron los de las batas blancas. De hecho, el nacimiento de la Filología en Occidente está profundamente ligado al de la interpretación de las Sagradas Escrituras. Se necesitaba gente que supiera interpretar y traducir la palabra de Dios. En esto hubo fraude, como en tantas otras cosas, y los filólogos, condicionados por los llamados Padres de la Iglesia, nos ofrecieron las versiones que querían que leyéramos. Pero solo ellos llegaron a conocer el significado de todos los textos (los aceptados y los apócrifos). Únicamente ellos tuvieron acceso al mapa completo, a la intrincada red de matrices que componen esa parte de nuestro particular videojuego que es el catolicismo (¿Catolicismo?).

Hilvanadas todas estas ideas en un discurso que a veces me cuesta domesticar, solo cabe hacerme una pregunta recopilatoria: ¿qué diantres me aporta a mí la universidad? Pues varias cosas, pero todas ellas adaptadas a mi individualidad. Pese a ser un estamento jerárquico autosuficiente (como la iglesia, la judicatura y el ejército), me muevo libremente en él amparada por mi libertad de cátedra; investigo sobre lo que me apetece, por eso soy una dieciochista que trabaja en novela actual y cine; estoy vinculada a los textos, y desarrollo mi labor bien desde casa, bien desde un despacho con cuatro ventanas en cuyos alféizares zurean cariñosamente las palomas. Cortados de la máquina de cafés y té blanco, algún Assam bien cargado o directamente mate (según el grado de somnolencia incrementado por las pastillas) trufan mi mañana de cafeínicos propulsores que me aderezan los quehaceres de doctora con una pizca de euforia.

Desde la última crisis (la del verano pasado, durante una estancia de investigación en Bolonia), he decidido tomarme las tardes libres. Veo películas, leo, escribo, medito y hago deporte (sobre estas dos últimas cosas también hablaré luego). Cuando me pilla desganada el trabajo matutino, que procuro hacer optimizando el tiempo con la máxima eficacia posible para poder avanzar como una persona sana, pienso en mis tardes reservadas, que siempre son el premio perfecto a mi jornada intensiva. De momento, me va bien el sistema, que únicamente rompo cuando voy a un congreso o imparto alguna asignatura en horario vespertino. Salvo instantes de estrés puntual (una ponencia no preparada con tiempo, una gestión tediosa, la solicitud de alguna beca o contrato), estoy contenta con mi trabajo. Adoro tener un horario flexible, variado, sembrado de intelectualidad. En definitiva, hoy me retracto de lo que me decía, a todas luces para consolarme el ego, antes de doctorarme: es mejor este trabajo que estar de cajera en un supermercado. Sin embargo, me río del elitismo intelectual practicado en nuestro gremio, porque pocos miembros de mi departamento leen. Señoras, señores, me temo que no es mejor ser profesor de universidad que de instituto.

El amor

Dicen algunos que nada es más hermoso sobre la
negra tierra que un escuadrón de jinetes, o de
infantes, o de naves. Pero yo digo que lo más bello es
la persona amada.

SAFO

Hablar del amor es lo que más me cuesta, cosa que ya barruntaba cuando empecé con este proyecto; pero me temo que es un asunto ineludible, sobre todo por el papel que ha desempeñado en mi vida durante los últimos años.

A pesar de que llevo estando en pareja desde los diecisiete años de manera ininterrumpida aunque con personas diferentes (simultaneando o encadenando romances), creo que ha sido en estos últimos años cuando he aprendido en qué consiste el proceso amoroso en todas sus dimensiones.

Aviso de entrada que a lo largo de las próximas páginas voy a autocensurarme. Aunque ya he dicho que no tengo intención de publicar este engendro literario, soy consciente de que estas páginas no son de mi diario (de uno de mis cuadernitos, quiero decir), y que en el momento en que se abandonan los descuidados trazos de la estilográfica por la claridad mecanografiada del ordenador uno se adentra en el territorio de la comunicación. Y aquí estoy, comunicando. Procuraré que sea solo lo imprescindible. En cualquier caso, en estas páginas, más que contar mi historia, lo que me interesa es expresar algunas ideas obtenidas a partir de ella. Así que me limitaré a dar únicamente la información necesaria, estructurada en solo tres párrafos (uno para cada una de mis relaciones de larga duración).

A ver. Siendo aún menor de edad empecé a salir con el ex de una amiga (precisamente esa tan tóxica de la que he hablado antes) con el que al principio estuve a punto de cortar varias veces porque no acababa de gustarme. Finalmente esta relación acabó prolongándose durante once años, en parte por mi falta de asertividad, en parte por mi tendencia a no querer que las cosas cambien. La relación resistió mi paso por la Fundación Gala, donde me despendolé considerablemente, y luego acabó derivando en una relación abierta en la que ambos nos enrollábamos con mujeres (él porque era muy hetero y yo porque las echaba en falta en un vínculo heteronormativo del que ya estaba harta). En la facultad tuve mucho éxito con las chicas: no sé si porque estas abundaban en las carreras de letras o por mi pinta de lesbiana. El caso es que yo estaba hastiada de esta relación. Como pasa con tantos vínculos sentimentales que se establecen durante el instituto, cada uno evoluciona (o involuciona) a su manera, y nos acabamos encontrando (o no encontrando, más bien) en puntos divergentes. A esto cabe añadir que en mi fuero interno siempre supe que, pese a que huía de los tópicos de las comedias románticas, este muchacho no era el amor de mi vida.

Desde que pasé por la Fundación Antonio Gala, tuve una frecuente correspondencia con uno de mis compañeros residentes: un novelista que me sacaba seis años y a quien yo veía como a un segundo hermano. A pesar de que nuestras habitaciones en el convento del Corpus Christi eran contiguas, nuestra mutua timidez jamás nos permitió hablar demasiado en persona. Pero, de forma esporádica aunque ininterrumpida a lo largo del tiempo, nos soltábamos confesionales parrafadas por correo electrónico con las que ambos nos sentíamos reconfortados. Yo le pasaba mis textos y él a mí los suyos. En uno de sus correos me dijo que acababa de cortar con su última novia. Entonces yo le propuse ir a verlo al diminuto pueblo soriano donde vivía por completo entregado a su labor como novelista. Le pedí prestado su flamante Mini a mi padre, y allí que me planté. Fueron unos días mágicos en los que no pasó nada porque yo era perfectamente consciente de que antes tenía que cortar con mi novio de toda la vida. Regresé, corté y volví al pueblo, ya en modo sexual, para comprobar si éramos tan compatibles en la cama como fuera de ella. Guardo en mi memoria todos los viajes (él venía, yo iba) de nuestra relación a distancia como memorables encuentros en los que ambos fuimos descubriendo de qué manera habíamos dado en el clavo. Antes de los dos años, él se vino a vivir al sur, pues era yo quien tenía la atadura del contrato predoctoral. A pesar de que al principio nos costó adaptarnos el uno al otro, fuimos felices y autosuficientes hasta que otra persona se cruzó en mi vida.

Yo seguía con el runrún de las relaciones abiertas, y enseguida se lo comuniqué a mi pareja. Él al principio recelaba, pero, como es lógico, pronto le vio sus atractivos al plan. Cuando menos pensábamos ponerlo en práctica, apareció ella. En principio era heterosexual, pero poco a poco fui notando su interés por mí (quizá acicateado por el mío por ella: a las mujeres nos gusta gustar). Lo que empezó como una amistad estrecha acabó convirtiéndose en una suerte de vínculo en paralelo. De la misma forma que la relación con mi actual pareja empezó con un viaje, mi relación con esta chica comenzó con otro. Después de llevar meses tonteando en persona y arriesgándonos un poco más por guasap, me planté en la ciudad europea a la que la habían destinado por un tiempo (la separación evidenció que ya nos necesitábamos). La segunda noche nos bebimos una botella de vino a medias que nos dio el empujón definitivo. Disfruté de una romantiquísima relación con ella durante meses. Hasta que la exclusividad se rompió en parte por mis dificultades de llevar una doble (aunque consentida) vida en pareja, en parte porque mi chica acabó congeniando a la perfección con mi chico, a pesar de la diferencia de casi veinte años que los separa.

Creo que estas tres relaciones (cuatro si cuento la actual, que es una suma de la segunda y la tercera) son las que me han ido enseñando las diferentes facetas del amor romántico. No reviso ninguna de esas relacioncillas menores que he ido trabando a lo largo de mi vida no porque no significaran nada, sino porque me enseñaron más bien poco. Si me pongo a teorizar al respecto, me considero una de esas personas que ahora llaman «demisexual», esto es, que, a la hora del enamoramiento, priorizan el interior de las personas, sean estas del sexo que sean (como si no son de ninguno o lo tienen fluido). Por lo tanto, nunca he mantenido una relación sexual sin afecto, sin conocer bien a la otra persona, sin que esta antes fuese mi amiga. Las veces que lo he intentado han sido un fracaso. Mi libido está desactivada, soy algo parecido a un muñeco sin pilas. Como decía, si obvio este tipo de relaciones más esporádicas, volátiles o simplemente fugaces en el tiempo, me quedo con las tres descritas porque son las que me han enseñado todo lo que sé sobre este tipo de amor.

La primera de mis tres relaciones duraderas me mostró mi perfil amoroso. Al cabo de varios meses, llegué ya a alguna conclusión, pero no acabé de vislumbrarme el contorno hasta que transcurrió casi una década, en cierto modo a medida que este contorno iba cambiando y perfilándose al compás de mi vida adulta. Enseguida supe que era poco asertiva. Quizá debí cortar la relación a los pocos meses, cuando noté que la persona no me gustaba lo suficiente, cuando me sentía avergonzada de ella en algunas ocasiones. Este sentimiento es terrible, porque es una mezcla confusa entre vergüenza ajena y propia. Lo he notado en muchas parejas y siento siempre pena de los dos miembros. Con el transcurrir de los años, fue primando el afecto, la ternura, un empecinamiento por mi parte en querer idealizar a toda costa. Cuando el amor se produce a través de un flechazo, la idealización va de suyo, sobre todo durante los dos primeros años (esto es mera especulación mía), pero cuando nunca existió el flechazo la idealización se convierte en la gran alternativa al fracaso, a la confrontación, al decir «ya no te quiero», o peor: «es posible que jamás te haya querido». Es la diferencia entre la idealización inconsciente y la consciente, entre la inevitable y la que forma parte de una elaborada estrategia con la que se persigue mantener a toda costa un *statu quo* que se considera digno de salvaguardarse incluso por encima del propio interés real. Decir *no* implicaba hacer daño a una persona (en teoría, la más preciada), así como a las personas que forman parte de su círculo (familiares y amigos), con el que es inevitable establecer lazos a medida que pasa el tiempo. Toda ruptura es colectiva. Decir «ya no te quiero» conlleva cerrar la puerta a una red de relaciones más o menos intrincada. Y yo prefería la tranquilidad de un vínculo que, aunque escasamente pasional, era francamente cómodo.

Mi convivencia con otros artistas fue determinante para darme cuenta de que tenía que buscar a otro tipo de persona con la que compartir mi vida. Sin embargo, cuando acabó aquel año en la Fundación Gala, tal vez por miedo a sentirme sola, recuperé una relación maltrecha a partir de unos parámetros eminentemente prácticos: no estar sola, sentirme querida, tener sexo. Al principio estuve cómoda, incluso puede que sintiese algo parecido al amor, pero desde ahora creo que ese sentimiento estaba propiciado por la serenidad derivada de estar siendo lo que la sociedad considera una buena chica. No ese putón que desbarró en una academia de artistas, sino esa chica responsable que saca todo matrículas de honor en la carrera. Se podría decir que, aunque me contradecía a mí misma, me gustaba la imagen que me había construido de cara a los demás. En otras palabras, estaba bastante orgullosa de mi *self-fashioning* (Greenblatt).

Evidentemente, para romper esta relación tácitamente tóxica, necesité una disrupción externa que me zarandeara justo en el momento de mayor debilidad. El verdadero instante en que me di cuenta de la fragilidad de mis sentimientos amorosos fue cuando ideé dejar de vivir juntos y volver a casa de nuestros padres con la excusa de retomar mis estudios. No sentí ni gota de tristeza (solo por el perrete que compartíamos, que se lo llevó él), sino una enorme liberación. Y eso me puso en alerta. Aquel verano me planteé por primera vez en serio la posibilidad de dejar la relación, y fue entonces cuando apareció (o reapareció, transmutado) ese elemento externo que fue como un huracán: mi amigo de siempre, el que me recordaba a mi hermano, mi querido compañero artista de la Fundación Gala.

A partir de aquel viaje a Soria todo cambió. Y fue aquí cuando por primera vez entendí lo que era estar con quien debías. Que no podía ser de otra forma. Como contrapartida, empecé a ejercitar una forma inconsciente y espuria de idealización que me llevaba a juzgarme siempre a la baja, a no considerarme digna, a temer ser siempre menos que. Estos sentimientos tampoco son muy sanos, pero en el fondo yo era feliz. Estaba saliendo con mi amigo artista, mi gurú literario, un chico moreno de ojos verdes y barba canosa que había visto más películas y leído más libros de los que, pese a mis años de menos y a mi voracidad intelectual, a mí me iba a dar tiempo. Esto era lo que yo quería: amar por admiración, por atracción física, por afinidad total. Vislumbrar que era mutuo fue la clave para vencer esas inseguridades del principio. Fue un noviazgo potente en la distancia, retroalimentado por ingentes horas al teléfono. Con una convivencia labrada a diario a partir de fricciones de dos caracteres muy personales, llegamos a un punto de perfecto equilibrio donde ambos nos merecíamos la pena como nunca antes nos había pasado a ninguno de los dos. Éramos felices, estábamos estables, nos aburríamos poco y, en general, nos lo pasábamos fetén. Entonces apareció ella.

El amor pasional, cuando te pega fuerte, es como el coronavirus sin vacuna: virulento, devastador. Y no sabe una bien cuál es la peor fase: si la de la atracción inicial, la del intento de conquista, la de la desesperanza, la de la esperanza recuperada, la del inicio del acercamiento, la de la colisión, la que sigue a la colisión, la del reajuste, la de la nueva normalidad. Por todas las fases pasé yo en esta relación que me pilló con treinta y pico pero que viví con un talante tan adolescente. En ella encontré todas las experiencias que me habían sido hurtadas al aceptar, conformista, una relación de medio pelo.

Tras pasar por esta última relación, puedo afirmar algunas cosas de las que antes no tenía ni pajolera idea: que el inicio de un romance entre chicas ha de ser netamente conversacional, discreto, alargado en el tiempo. Por lo menos en el caso de que una de ellas (y no era el mío) no tenga exactamente claro lo que le gusta. Mi teoría es que la bisexualidad es un espectro. Todos lo somos (bisexuales), pero los que están en los extremos no se percatan del *continuum* y se definen de forma intransigente como hetero u homo. Así que a una persona que está en una parte determinada del segmento relativamente próxima a la heterosexualidad hay que intentar aproximarla hacia el lado que a una le conviene. Y esa labor es ardua: compañerismo, amistad, amistad especial, tonteo ambiguo, beso borrachas. Ese fue el proceso. Precioso todo. Ni en la más refinada comedia romántica. Ni música nos hizo falta. Silente y sáfico *La-La-Land* con todos sus correspondientes giros de guion: ella duda si salir del armario, nos escondemos de las miradas ajenas, yo desdoblo mi vida porque tengo novio (que, por supuesto, sigue nuestra historia al dedillo, solo le faltan las palomitas; incluso, como es buena persona, me asesora a lo largo de mi cortejo susurrándome al oído como un Cirano los más finos requiebros). Talante hetero para atraer hasta mi segmento homo a una hetero.

Poco pude disfrutar de mi breve estancia en Lesbos, pues pronto la chispa también saltó entre mis dos parejas y acabamos siendo tres. Lamenté entonces decir que el sexo entre mujeres, aunque era lento y suave, a menudo tántrico, necesitaba un *punch* que propiciase un final en alto. Maldita la hora. Tan pronto como fuimos tres, me sentí desplazada por dos convencidos heterosexuales (tal vez ella más indecisa) que me fueron arrinconando en un huequito de un colchón que ahora se nos quedaba casi siempre pequeño.

Tardé en reconocerlo a causa de eso que yo creía que era dignidad. Pero estaba celosa. Tampoco me decidí a expresarlo entonces porque era yo la que había aceptado aquellas reglas del juego y parece que está mal visto no ser coherente. Además, ¿se puede ser celoso si uno tiene motivos? Celoso es aquel que recela (haya o no una causa justificada), pero los celos se tienen siempre desde la incertidumbre. Yo no sabía si lo que tenía eran exactamente celos: la infidelidad no se estaba produciendo, porque yo había dado mi beneplácito. En todo caso, yo me sentía desplazada en los dos sentidos posibles: por ella, de él; de ella, por él.

Las sesiones de sexo con penetración pronto opacaron nuestro sexo tántrico trufado de parlamentos amistosos. Porque el sexo con un hombre no admite pausas (solo entre orgasmos); en cambio, el sexo entre mujeres discurre como los rápidos del Orinoco, que a veces originan cascadas, a veces conforman piscinas de agua mansa. Hay alternancia, no un *crescendo*. No digo que sea mejor una cosa que la otra, es simplemente una reflexión sobre el asunto desde la multiperspectiva que me ha concedido la realidad durante los últimos meses (el sexo cubista). Por otra parte, los encuentros entre mi chico y yo se espaciaron: supongo que porque mi anatomía era una réplica (peor: más conocida, más vieja) de la de mi (nuestra) chica. También yo prefería esa copia a su disimilitud. Era mi gran oportunidad de arrinconar al heteropatriarcado.

Como es lógico, mi inseguridad empezó a ganar espacio: física (la edad, la flacidez, las canas) y psicológicamente (quiero esconder que soy una novia celosa, deseo a toda costa seguir siendo una pareja guay). Y entonces me empezó a doler el estómago, comencé a odiar los fines de semana (más tiempo para el ocio, más tiempo para la cama), a aborrecer mi habitación (le cedía a otra mi hueco del colchón). Aunque me llevó meses verbalizarlo, me sentía más cómoda viendo en *First Dates* cómo el poliamor era cosa de cuatro frikis que practicándolo yo misma en casa.

Como los mandamientos del Señor, que se resumen en dos, las consecuencias emocionales de la irrupción del poliamor en mi vida sentimental también pueden reducirse a dos: inseguridad e idealismo. Si una no está segura de sí, temerá ser reemplazada por un semejante al que, subjetivísimamente, considera superior a él. Si una es una idealista, pensará que en una relación poliamorosa todos los vectores que la integran deben ser equipolentes.

Se supone que los poliamorosos avezados tienen un término que neutraliza a todos los que se derivan de la hostilidad que arrastramos de las relaciones entre dos: la *compersión*. Este alude a la capacidad de disfrutar con lo que disfruta el otro como si te estuviera aconteciendo a ti mismo. Sin abandonar el catolicismo, en esto podemos remitirnos al ejemplo de Jesús en la cruz: le duele, pero le compensa porque nos está salvando. Así, el dolor se transforma en amor y nos es devuelto con apariencia de total entrega. Claramente, Jesucristo es el primer poliamoroso de la historia.

A ver, la idea es que la compersión se haga con gusto, no conlleve sacrificio alguno, sea tan placentera como vivir lo bueno en primera persona. Pero esto es una inversión a largo plazo. Llevamos los celos instalados en el cerebro primitivo, el reptiliano, y por eso nos comportamos como insidiosas serpientes que buscan atraer con la danza engatusadora al tiempo que repeler con la mordida. Mi psiquiatra, discípulo avezado del insigne Castilla del Pino, me lo explica muy bien cada vez que el asunto sale a la luz en la consulta: los celos persiguen seducir al tiempo que expulsar, atraer y espantar. Son un te quiero (o, a lo peor, un te necesito) que asusta. Y luego está lo de que ser celoso es denigrante. Y más cuando una se piensa (y se da por descontada) progre y abierta de mente y quiere romper moldes. Por eso me costó trabajo reconocerlo. Primero ante mí misma, luego ante mis parejas (mi «pareja chico» y mi «pareja chica», como los llama el discípulo de Castilla del Pino), y por último ante el propio psiquiatra, que procura bromear al respecto para hacerme más leve el callejón sin salida. Él no me habla de *compersión* (demasiado que *comprende* mi asunto a sus más de setenta años), pero sí de las culturas polígamas y de la necesidad de una ritualización del acto sexual. En los harenes siempre hay una favorita. ¿Pero en realidad la favorita es la favorita, o la favorita es la joven, la turgente, la recién llegada al harén? ¿De veras me inquieta no ser la favorita o lo que en realidad quiero es ser el jeque? Sea como fuere, tengo un problema de suplantación. He pasado de ser la única (primero para él, luego para ella) a ser «la otra» para ambos. La no favorita, el no varón (vértice, faro, falo). Una vez que me sincero y comparto con ellos mis cuitas, ambos me insisten en que la realidad no es como yo la invento, que es una cuestión de paradigma, que es lo mismo que decirme que soy una manipuladora y una mentirosa. Los dos se muestran siempre respetuosos, y yo me siento querida sin fisuras. Mi problema es la cama: cómo me encuentro en ella con uno, con la otra, con ambos. Mi queja no es amorosa sino sexual. Me he sentido doblemente desplazada: de ella por culpa del falo, de él por culpa de la juventud. Pero que conste que el problema, en última instancia, es mío: yo propicié la cosa, yo le di mi venia al contubernio. Y, dados sendos caracteres, el uno de dudoso lesbianismo, el otro como el de cualquier hombre (evolutivamente, juventud es sinónimo de fertilidad), era más que esperable el resultado: hacer de voyerista en una esquina de la cama. Es eso, o que me lleven los demonios por no estar presente mientras ellos se enzarzan en lo que mi mente imagina como el polvo del siglo.

El sexo monógamo está bien ritualizado. Las cosas son así, así y así. El sexo a tres, más allá de las acrobacias de una noche de desenfreno, carece de escaleta. Así que, tras los primeros instantes, pronto caemos en una paradójica rutina que precisamente proviene de la falta de ritualización. El tedio. Y soy yo quien se siente culpable de estar en medio, de sentir que sobro, que por mi culpa no disfrutan ellos de una relación normal.

Sin embargo, después de casi tres años del inicio de esta aventura emocional, seguimos en ella. Aunque aún me queda un trecho para domesticar por completo las voliciones primitivas de mi cerebro reptiliano (la salamanquesa no quiere que su macho pueda preñar a otra hembra), estoy progresando adecuadamente en el proceso. Desde luego, la medicación me resulta de gran ayuda. Pero, al fin y al cabo, esa es la idea: un empujoncito que logre desactivar el desapego, quitarle gravedad a los hechos, aligerar la vida. Civilización y barbarie, la selva y su domesticación. Adoro llevarle la contraria a la sociedad, ir a contrapelo. A la mierda el matrimonio, la familia tradicional, el funcionariado, las hipotecas. La afectividad puede ser reticular, fluida, solidaria. Dejemos que la persona gane al orangután. De mis debilidades, una a una, han de surgir mis fortalezas. Y no lo digo por hacer poesía. Las flaquezas que reconozco en mí me llevan a un intento de mejora. Autoingeniería mental. Me parece que las personas no cambian, pero pueden modificarse. En ello estoy. ¿Por cabezonería? En absoluto: por convencimiento.

Creo que una relación así es viable. Especialmente si todos sus integrantes lo desean y velan por el bienestar y la seguridad (en un sentido psicológico) de cada uno de sus miembros. *Quiero creer* que una relación así es viable. Por llevarle la contraria al mundo (borrego, soporífero), pero sobre todo por una cosa: establecer un vínculo íntimo con más de una persona a la vez es la experiencia más alucinante que he vivido nunca y (lo sé) continuará siéndolo hasta que yo ya no exista ni pueda contaros mis progresos. Incluso si se marchita en unos meses, incluso si (para acallar a los listillos) envejecemos juntos, todavía más allá de todas las vidas y los mundos y los prejuicios. Contra todo, este frágil milagro.

Los viajes

*Los activos ruedan, como rueda una piedra, conforme
a la estupidez de la mecánica.*

FRIEDRICH NIETZSCHE

A lo largo de lo que llevo de vida he hecho bastantes viajes. Desde luego, más de los que me habría gustado. A mi padre le encantaba conducir y pensaba que trasladándonos a diferentes lugares en coche aprenderíamos muchas cosas. Lo importante era agotar primero la geografía ibérica, la más accesible para vehículos de cuatro ruedas. Así que durante las cortas vacaciones que mis padres, autónomos ambos, podían tomarse (un puñado de días en semana santa y otro en agosto), viajábamos como descosidos por la variada geografía española, y también por la portuguesa. Mis padres siempre fueron muy de ir a Portugal, un país al que por su culpa me he sentido particularmente unida y del que siempre he pensado que es precioso y discreto. Cuando alguien lo critica en una conversación, yo siempre lo defiendo. En cierto modo, siento que Portugal es como mi yo en forma de territorio. No tanto por preciosa y discreta como por pasar desapercibida y, a menudo, ser objeto de burla. Sobre todo en los primeros años de mi infancia, que se vieron recurrentemente empañados por eso que ahora se llama *bullying* y que por entonces no tenía nombre.

Mis padres habían hecho un viaje de bodas «a la aventura», es decir, sin casi planificar la ruta ni reservar alojamiento en ningún sitio. Se limitaron a conducir su Renault 5 hasta el sur de Italia, Mónaco y Yugoslavia. Luego se volvieron en barco desde Génova y otra vez pisaron a fondo desde Barcelona rumbo al sur. Durante la década de los 80, continuaron viajando solos (en coche pero también en moto: entre otras, mi padre llegó a tener una Guzzi California), hasta que tanto mi hermano como yo adquirimos eso que se llama «uso de razón». Fue entonces cuando mi padre decidió que los viajes debían constituir una parte crucial de nuestra formación como adultos. Además, hacerlos durante las vacaciones nos mantendría intelectualmente en forma durante todo el año. Así fue como nos conocimos la práctica totalidad de España (menos las islas y las ciudades autónomas de Ceuta y Melilla) y la práctica totalidad de Portugal (incluyendo el Alentejo, esa zona deprimente que es un poco la gemela fea de Extremadura). La banda sonora de aquellos viajes la constituyó el escogido ramillete de cantautores que le gustaba a mi padre (Aute, Sabina, Krahe y Cohen) y las superestrellas internacionales que le atraían a mi madre (Janis Joplin, Jimi Hendrix, Bob Dylan y los Pink Floyd). Mis gustos musicales son más bien eclécticos a causa de mi pura nulidad a la hora de disfrutar de este lenguaje artístico, el que menos me llega. Pero me sé de memoria cada acorde de la discografía de todos estos artistas, escuchados siempre en la autorradio, primero en cinta, luego en CD. Ahora cuando viajo sola me pongo *a la* Rosalía conectando el Spotify desde el móvil.

De España salí con mis padres tan solo en tres ocasiones a algún otro país vecino: Andorra, que casi no cuenta, Marruecos, que fue un exotismo de última hora que nos permitió huir de las reiterativas procesiones de semana santa, y Francia. Por allí nos hicimos la ruta de los castillos del Loira; incluso subimos hasta París porque mi padre estaba entusiasmado con su nuevo bólido: aquel modelo amorfo de Nissan Primera que los fabricantes asemejaron a un delfín pero lo que en realidad parecía era una carpa (no sé bien si me refiero al pez o al toldo).

Cuando mi hermano se echó novia, dejó de venirse con nosotros. Recuerdo que noté su ausencia en esos momentos en los que convenía ironizar, quitarle hierro al asunto mediante una pertinente batería de chistes y parodias; por ejemplo, durante las peleas porque mi padre ignoraba las indicaciones que le daba mi madre (entonces no había GPS, había que tirar de mapa, así como de un aguzado sentido de la orientación). También noté que me faltaba mi hermano a la hora de la supletoria. Ya no podía disfrutar de un cuarto propio, así que debía dormir con mis progenitores, subiéndome por las paredes a causa de los ronquidos de mi padre. Pero sobre todo echaba de menos a mi hermano cuando tocaba eso que mis padres llamaban «patear la ciudad», que consistía en aparcar el coche y deambular hasta la oficina de turismo más cercana para cumplir religiosamente con lo que nos dijera el guía de turno. No obstante, mi padre era partidario de dar paseos anárquicos, sin preguntar nunca nada a nadie para ir «descubriendo rincones» él solito. Me ponía enferma que a partir de las once de la mañana ya estuviera buscando un sitio para comer. Mirando precios, tapas, menús. Calculando.

Desde la adolescencia, viajé también emancipadamente, aunque siempre acompañada. Hice un crucero por el Mediterráneo como viaje de fin de curso con el instituto (Valencia, Túnez, Palermo, Roma, Florencia, Marsella), que vi mancillado por el espantoso mareo de los dos primeros días. Este me hizo aborrecer las actividades lúdico-rancias del barco durante el resto de la travesía (de verdad, los cruceros son una ordinariez, hacedle caso a Foster Wallace). Además, me puse moralista con mis compañeros, que cuando cerraban la discoteca se bajaban a la subplanta en la que nos alojábamos (donde Leonardo di Caprio en *Titanic*, pero sin ratas) a hacer un botellón que a mí no me dejaba dormir y a ellos los volvía idiotas (todavía más) durante el resto del día.

Con mi primera pareja seria (esa con la que simplemente me conformé) repetí varios viajes por España, incluso hicimos juntos algunas actividades tópicas como el descenso del río Sella. También hice un paleto viaje a Londres durante el puente de la Inmaculada (casi todo el mundo en la ciudad hablaba español), y otro de tres semanas en el que recorrimos Suiza en avión, tren, trolebús, teleférico e incluso en un brioso Subaru.

Luego vinieron los sucesivos viajes a Soria, que hoy considero mi segunda patria. Primero asocié su particular geografía y sus comestibles olores a mi chico; luego aprendí a que me gustaran *per se*. Aquellos paisajes de *Doctor Zhivago* me calaron tan hondo como el frío de sus tierras. Y por primera vez entendí aquello de lo que hablaba Machado, que me parecía tan soporífero en el cole. Cuando vuelvo a Soria no viajo. Y eso que vamos con frecuencia: en navidad y verano, donde coincidimos con mi familia política (la oficial, la heteronormativa), o en alguna otra escapada que hacemos en busca de un tiempo que transcurra distinto. La chimenea, la buhardilla, las alcobas, los castaños, los chopos, el río, las rutas en bici de montaña, la avena loca. Puro proselitismo soriano, lo sé. Soy una andaluza enamorada de Castilla la Vieja. Ir a Soria es venirse a casa.

Últimamente vamos también mucho a Madrid, donde ambos tenemos familia y amigos, pero yo nunca fui de urbes grandes. La capital del reino me fascina a veces, pero casi siempre me da pereza. El metro y el cercanías, los taxis, los buses, las prisas. Todo me espanta. Soy una provinciana. Madrid no es para mí.

Distingo este tipo de viajes-viajes (más o menos turísticos, en los que se va a los sitios de paso) de las estancias en el extranjero a las que me ha obligado mi trabajo. Hoy día, un currículo académico es inconcebible sin tenerlo sembrado de estancias pre y postdoctorales. Los investigadores de letras debemos imitar a los de ciencias (son quienes marcan el ritmo porque son los que dan lustre a nuestra profesión) y pasar de vez en cuando varios meses en el extranjero sin ningún objetivo. Los científicos van a trabajar a sofisticados laboratorios que complementan la formación recibida en España. Pero un filólogo hispánico, ¿qué hace exactamente fuera de España? Puede que haya por otros lares algún manuscrito perdido, alguna biblioteca que ordenar, algún hispanista que, aunque no hable bien nuestro idioma, sepa mogollón de Lope de Vega. Luego están los Institutos Cervantes, esas sinecuras para hispanohablantes con contactos. Convocan ciclos de cine, organizan congresos de literatura, te ofrecen lecturas en español. Felices embajadas de la lengua, ambiciosas picas en Flandes a las que entro siempre con alivio porque sé que sus funcionarios van a saber perdonarme mi torpeza con los otros idiomas.

Primero estuve varios meses en Burdeos, durante dos años consecutivos: una primavera, dos otoños. En su universidad daba clase mi codirector de tesis, así que mantuvimos varias constructivas charlas. De vez en cuando sacaba algún libro del departamento de filología (que habría podido encontrar en cualquier biblioteca especializada de España), asistía a congresos de literatura, cine o *bande dessinée* (lo que vienen siendo los tebeos de toda la vida). Pero la mayor parte del tiempo trabajaba desde casa y salía por la tarde-noche a hacer deporte o a pasear por el Jardin Public o por la orilla del Garona, amplia como un puerto de mar. Suerte que pude hacer acompañada la estancia. Esta y las restantes. Como mi chico es escritor, trabaja desde cualquier parte. Sin él me habría vuelto a España (en el caso de que me hubiese atrevido siquiera a salir): la barrera del idioma (tengo un oído enfrente del otro para cualquier lengua), la de la distancia, la de la gratuidad. Estoy en Francia para nada. No quiero conocer a gente nueva, no me interesa visitar monumentos, no me apasionan los congresos de filología. No quiero estar aquí. De aquellas intermitentes estancias en Burdeos solo me llevo un primer ensayo de convivencia con mi pareja, unas productivas mañanas de trabajo, unos demorados paseos por una ciudad portuaria elegantemente acicalada, y una entretenida excursión a la Duna du Pilat (la más grande de Europa) y al Torreón de Montaigne, de cuyos viñedos nos trajimos un burdeos de 2014 llamado *Les Essais* que desde entonces anda picándose en la estantería de casa junto a un poto colgandero.

Antes de finalizar la tesis, realicé una nueva estancia. Esta vez en la muy deprimente aunque siempre inquietante Belfast, epicentro de un conflicto del que aún quedan las ascuas. Me trasladé allí (acompañada, *of course*) durante unas semanas. Mi propósito era tener varias sesiones de trabajo individual con un afamado experto en imprenta y edición dieciochistas. Crucial para mi tesis (hay ironía en esta frase, aunque en realidad es más cierta de lo que me gustaría reconocer). Nos alojamos en una casa oscura y abigarrada no muy lejos de lo que fue el meollo del terrorismo (Falls Road y Shankill Road). En aquella ciudad todo tenía el morboso encanto de la desgracia: el *tour* en taxi negro por los focos del conflicto armado, el museo en los astilleros del infausto Titanic, la ruta de la cruenta *Juego de tronos*.

Ya defendida la tesis, acabé optando a unos contratos que conllevaban una extensa estancia postdoctoral fuera de España. Me fui entonces a Bolonia. En su universidad había un ya semiabandonado centro de estudios del XVIII español en cuya biblioteca hacía falta poner un poco de orden. No hallé ningún libro que no hubiera podido encontrar en España, en concreto en mi propia facultad, y las jornadas que pasaba en aquella sucinta biblioteca de apasionantes estudios dieciochistas (aquí sí es diáfana mi ironía) las invertía en hacer un poco provechoso inventario con el que no contribuí absolutamente a nada. Durante los meses de verano pasamos un inesperado calor. Quién nos iba a decir que el valle del Po, tan al norte, era como el del Guadalquivir. Nos alojamos en un pueblecito llamado Poggio Rusco que distaba de Bolonia unos cuarenta minutos en tren. Aprovechando la proximidad de nuestra casa a la estación, hicimos numerosas excursiones (a Verona, a Ferrara, a Mantua, a Rávena) en las que comprobamos que, *grosso modo*, Italia es más bonita que España y casi igual de calurosa.

La casa en la que nos hospedamos pertenecía a una compañera de departamento. Aquel era el hogar de sus antepasados y eso era justo lo que parecía: cuadros al óleo con una perspectiva cubista no intencionada, pañitos de croché hasta cubriendo el microondas, manualidades de macramé, jarrones de porcelana, bibelots de inspiración rococó, fotos de santos y retratos tamaño bolsillo de enfermeras o militares de cuando Mussolini. Francamente, aquella era una casa con una personalidad digamos que *excesiva*. Todavía tengo la floreada funda del sofá metida en la retina. Sobre aquel desvencijado sillón me vi completa la *Trilogía de la incomunicación* de Antonioni y me tumbé tras el desayuno durante varias mañanas en las que no sacaba fuerzas ni para salir a correr ni para ponerme a trabajar. Entonces fue cuando vi asomar de nuevo la patita a ese monstruo que llevaba años sin aparecérseme. Unos meses de prolongada ansiedad habían acabado eclosionando en una depresión sobrevenida cuando entendí que vivir en Italia era exactamente lo mismo que vivir en España solo que en una casa más fea. Aquellos primeros síntomas ya me pusieron en alerta, sobre todo porque en ellos vislumbré el específico malestar de otros tiempos. De Poggio Rusco solo echo de menos los helados y las pizzas *margheritas* de una *pizzeria à emporter* que teníamos casi enfrente de casa: la pizza que en España siempre descartamos por simple aquí tenía toda la complejidad del mejor de los manjares.

Y, *grosso modo*, hasta aquí llega el relato de mis viajes. Desde aquella desdichada estancia en Italia, solo he viajado con unos amigos a Las Merindades burgalesas, donde tuve que ponerme la camiseta térmica en el mes de agosto, y a Madrid y a Soria, que es mi ruta habitual, la que me lleva a mis otras dos casas, la que no cuenta como viaje porque ambas ciudades son una prolongación de la mía. Eso sí, dentro de unos meses me tocará estar yendo y viniendo de Cádiz, en cuya universidad daré clase durante el próximo curso.

¿Y adónde quiero llegar con todo este relato, en apariencia gratuito? Pues a ver. Es que de esta nutrida experiencia viajera he sacado algunas conclusiones. Los viajes por ocio conllevan un incremento de la energía destinada al simple estar en el mundo, que ya de por sí no es poca. En el plano físico, por los kilómetros en avión, tren, coche, bicicleta, a pie; y en el mental, a causa de los museos, monumentos, ruinas, rutas pintorescas a las que el propio gesto nos obliga. Me mareo en todos los medios de locomoción, me duele la cabeza si no bebo agua, si me da el sol, si no me echo la siesta. Disfruto del coche solo si soy yo la que conduce; me aburro como pasajera, se me duermen las piernas, se me queda luego la música escuchada metida en la cabeza cuando me acuesto en una cama que extraño y que me mantiene insomne toda la noche porque no es la mía. Me estriño, me canso. Tras ingerir un pantagruélico desayuno de bufé que me deja sin hambre para todo el día, solo me apetece quedarme leyendo en el cuarto. En definitiva, viajar por ocio me parece una de las más fraudulentas maneras que el capitalismo ha inventado para que gastemos nuestro dinero. Las redes sociales han sabido apoyar bien el negocio. ¿Por qué viajar a El Cairo, a Bangkok, a Nueva York, si ya nos las sabemos de memoria por el cine, si podemos verlas con un gesto a través del *Street View*? ¿Para qué visitar el Moma, el Louvre, la Tate Modern si sus obras ya pueden verse mejor, aumentarse hasta el último pixel, desde nuestra *tablet*? Pues para dejar constancia de nuestra visita. Para sacarnos un selfi *in situ*, para alimentar nuestro estatus en las redes. Viajar ya no es viajar, sino construir el relato del viaje: antes de hacerlo, porque viajamos ultrainformados; después, porque regresamos ultrarretratados. Y estresados, expoliados de tiempo y espacio, plenos de circunstancias sobrevenidas. No entiendo bien por qué nos da bajón volver a nuestras rutinas. Si uno no las abandona, jamás será consciente de lo precario de su vida cotidiana. Entonces, ¿por qué arriesgarse? ¿Por qué salir de nuestra «zona de confort»? (¿A qué idiota se le ocurrió usar por primera vez esta expresión?).

Y luego están los viajes no turísticos. Esos que les gustan a los viajeros de verdad, a los mochileros (que en realidad son gente hiperactiva con muy poca vida interior), a los culturalmente inquietos, a los amantes de los idiomas, la diversidad, la integración cultural. Que si viajas aprendes, que si te haces más humilde, que si se te abre la mente. Que si.

Supongo que las estancias de investigación no pertenecen a este tipo de viajes, pero se les parecen bastante. Te asientas en un lugar durante un puñado de meses, incluso años, te empapas de la lengua, de la «cultura», conoces gente, disfrutas de la gastronomía, vives como ellos, caminas sus calles, compras en sus supermercados. Acabas convirtiendo en tuya esa parte del territorio mundial que antes te era ajena. Suena guay.

Pero a mí me parece que estas estancias siguen el mismo patrón que los viajes turísticos. Haces currículum académico, sí, pero también personal. Subes a las redes fotos haciendo *running* por la ciudad o eligiendo un helado en el súper, cosas así como de tener ya hecha una rutina en el extranjero, que siempre luce más que si bajas a comprar al ultramarinos de la Mari. Imaginaos grabar un vídeo de TikTok haciendo yoga en Central Park (máxima rentabilidad, cero espiritualidad). *Capital simbólico* (Bourdieu), *aura* (Benjamin) a tope. Y eso nos compensa, claro. Detrás de la imagen con la que paradójicamente esperamos muchos *likes,* que en realidad son *dislikes* (la envidia campa a sus anchas por el alma humana), hay horas de soledad, de desubicación, de inactividad, de desidia.

No he hecho ni un solo amigo durante ninguna de mis estancias en el extranjero; he conocido a gente, sí, que han llegado a ser, a lo sumo, compañeros. Como soy tímida, no invierto mis fuerzas en relaciones que sé que no van a prolongarse en el tiempo. Tampoco he mejorado mis idiomas. Al ir en pareja, he tenido perfectamente cubierta mi necesidad de interacción diaria, además en mi propia lengua. Para más inri, en su inglés y su francés me he refugiado a la hora de hacer la compra, comodona. Solo con el italiano me atreví un poco más, a pesar de no haberlo estudiado antes (lo que prueba el fracaso español en la enseñanza de idiomas), pero la mayoría de las veces usaba solo monosílabos que me ayudaban a salir del paso. En Bolonia me aprendí de memoria el nombre del sitio donde trabajaba (*«Il Centro Studi sul Settecento Spagnolo»*) para poder pedirle la llave al conserje de la facultad, que la primera vez no me entendió bien hasta que lo dije en español, y las siguientes ya me conocía y me daba la llave sin preguntar.

En definitiva, aunque he viajado bastante, casi nunca me lo he pasado bien haciéndolo. Tal vez a veces me ha gustado rememorarlo, pero como para recordar primero hay que ejecutar, no me compensa. Y desde luego siempre he tenido que lidiar con la ansiedad durante los días previos; y después, llegado el momento, hay que soportar la pereza infinita de hacer las maletas, levantarse temprano, el temor a perder algún medio de locomoción que no depende de ti y que además te da si no miedo (ya no), al menos sí un poco de respeto. Solo los viajes para recoger premios literarios o para promocionar libros me han salido a cuenta; quizá porque tenían que ver con la literatura, que es lo único que de verdad me importa. He aguantado estoica ruedas de prensa, entrevistas de radio, fotos… Porque ese era el precio que debía pagar por ver mi libro editado. Pese a que odio visceralmente viajar, ahora mismo estaría dispuesta a embarcarme en una promoción internacional de alguna de esas novelas que aguardan no sé bien qué oportunidad en una carpetita del escritorio de mi portátil.

¿Veis? Acabo de corroborároslo. Para esto sirve viajar: para construir el relato. Si nos quedamos en casa, nos aburrimos, os aburrimos.

La medicación

—Cuando dudes, siembra la confusión.
Estrategias del póquer, volumen uno.

NORMAN MAILER

Siempre me he sentido una persona defectuosa. De niña, porque tenía problemas de insomnio y periódicos cruces de cables que me conducían a estar siempre enfadada con la realidad de las cosas. No me gustaba el mundo tal y como era. Yo creo que mi enfado era consecuencia de mi imposibilidad de poder cambiarlo. Y de alguna manera me parece que esto era tan potente en mí que desencadenó una serie de paulatinas somatizaciones que me han llevado a ser lo que suele denominarse una «persona enfermiza».

No obstante, nací ya con una serie de hándicaps (entiéndanse más bien este término en el sentido francés de «discapacidad») que no creo que sean atribuibles a somatizaciones de ningún tipo. Salí del útero de mi madre con el cordón umbilical enredado al cuello. Aunque, ahora que lo pienso, esto también puede ser atribuible a un rasgo de carácter: inquieta, roté sobre mí misma en sucesivas piruetas con tal de no dirigirme hacia la luz. Como los médicos no sabían si aquello había impedido que llegara suficiente oxígeno a mi cerebro, barajaron la posibilidad de que pudiera tener algún tipo de retraso o deficiencia mental. No estoy yo muy segura de que no acertaran con el diagnóstico.

Ya durante la adolescencia, en una ecografía que me hicieron a causa de mis primeros problemas de endometriosis (otra enfermedad que me ha acompañado dolorosamente durante todos estos años), se dieron cuenta de que me faltaba un riñón (herencia de mi abuelo paterno), anomalía a la que iba asociada un útero didelfo (algo así como doble, dividido en dos por una especie de pared). Parece ser que ninguna de estas dos cosas tiene demasiada importancia. Solamente es recomendable que me proteja más de lo normal la parte izquierda del costado, donde reside un riñón «compensador», es decir, un *riñonazo*, pero que al fin y al cabo es solo uno. En cuanto al útero, parece ser que las posibilidades de que salga adelante un hipotético embarazo son más bien escasas. Pero esto no me puede importar menos.

Curiosamente, no he pasado nunca esas enfermedades que acechaban hace décadas a los niños, como el sarampión, la varicela o la rubeola. Sostengo la tesis de que soporto una mala salud con el objetivo de dar salida a ese caudal de sufrimiento del que me libré en su día. Además de lo anteriormente citado, tengo escoliosis con su correspondiente descompensación de cadera, sufro del estómago (no digiero bien la carne roja ni la grasa ni los fritos), tengo el tabique nasal desviado (respiro regular) y la nariz me sangra cuando hace calor; también tengo recurrentes infecciones de orina, mala circulación, soy intolerante a la lactosa y, lo peor de todo, migrañosa.

Las migrañas son ya una característica de mi personalidad. Empezaron en la adolescencia pero he ido experimentando un *crescendo* que ha ido complicando el dolor década a década. Ahora tomo oxitriptán, un derivado de un aminoácido que regula la serotonina y ayuda a prevenir las crisis. Cuando no tengo la suerte de prevenirlas, recurro a un medicamento de la familia de los triptanes, esos vasoconstrictores milagrosos que suelen erradicarme hasta el dolor más fuerte al cabo de una hora de náuseas, flojera y fotofobia.

A estas dolencias más o menos crónicas, he de añadir que me mareo por encima de lo tolerable en cualquier tipo de vehículo y que tengo anemia crónica y deficiencia de vitamina D. Esto último me hace padecer lo que me he autodiagnosticado como colon irritable. Además, según he leído, esta dolencia tiene un componente psicológico muy fuerte. Y esto me lleva al peor de todos mis problemas médicos, con el que he tenido que luchar desde pequeña y que creo el origen y causa de una gran parte de ellos: la ansiedad. La he sufrido en numerosos momentos de mi vida, sobre todo relacionados con los estudios, el trabajo y el trato con la gente. En situaciones extremas me han dado incluso ataques de pánico: una vez que un pez tropical saltó desde mi acuario al suelo; otra, al hojear la materia que tenía que prepararme para un examen de la carrera; la última, mientras hacía las maletas para mi estancia en Italia. A lo largo de mi vida, en tres ocasiones esta ansiedad, prolongada en el tiempo, ha derivado en una depresión. La primera fue en el instituto, que tuve que abandonar hasta que, con ayuda psicológica, fui poco a poco venciendo el pánico atroz que me generó volver. Perdí un año de estudios. La segunda fue durante la carrera, cuando al estrés de los exámenes se sumó un ramillete de profesores mediocres y el hecho de que mis compañeros dejaran de hablarme. Cómo iba a ser de otra forma, si yo era la rara, la única que cumplía con todas las lecturas obligatorias, la que acaparaba todas las matrículas de honor. Para ninguna de estas dos crisis llegué a acudir a un psiquiatra. De la primera salí con la ayuda de un psicólogo muy competente que sentado tras su mesa parecía alto pero que cuando se puso en pie resultó ser muy chiquito. De la segunda salí gracias a mi hermano, recién licenciado en Psicología, que ya tuvo talante para esta profesión incluso de niño.

Para ambas crisis me limité a tomar el ansiolítico de turno (Trankimazín y Orfidal respectivamente), recetado por el médico de cabecera. Con mucha terapia y cierta ayuda farmacológica, conseguí superar los dos baches, de los que salí bastante fortalecida.

Sin embargo, esta última crisis, en la que me encuentro aún inmersa y que ha sido el detonante de estas páginas, está siendo la más difícil. El lector ya ha leído las razones de mi actual depresión en los capítulos tres y cuatro de este ensayo personal (lo llamo así por denominarlo de algún modo), esto es, el trabajo y el amor.

Como ya he comentado, trabajar en la universidad resulta estresante para casi todo el mundo, así que con más motivo para mí, que de natural tiendo al nerviosismo y al drama. Empecé a sentirme ansiosa por varios plazos de entrega de artículos y la asistencia y organización de algún congreso; a esto había que sumar las clases con sus consiguientes evaluaciones, tarea que francamente me altera, sobre todo cuando comparto asignatura con un profesor con el que no me entiendo. Pero por encima de todas estas pequeñas tareas planeaba mi aterradora estancia en Bolonia, varias veces postergada por culpa de la pandemia. A los pocos días de estar viviendo en Italia empecé a notar cómo, recién llegada a esa Ítaca a la que nunca acababa de arribar y descubriendo entonces que para mí era exactamente lo mismo que haberme quedado en casa (igual de rutinario, igual de inútil), me dejó de doler el estómago. Sin embargo, comencé a sentirme profundamente alicaída. A menudo pienso que el cambio no estuvo en esa razón tan abstracta, sino en un fuerte golpe que me di en la cabeza al bajarme del taxi justo en la puerta de nuestra casa de Poggio Rusco. Sospechosamente, mi abuela desarrolló alzhéimer al poco tiempo de que la curaran de una infección en la cabeza causada por una garrapata. Quizá podría explicar mi depresión a causa de un golpe. No suena muy científicamente plausible pero sí literario, así que aquí dejo esta reflexión.

La otra razón de la que culpo a este estado depresivo es el amor. O, mejor dicho, la controvertida situación amorosa en la que me hallo inmersa desde hace ya más de tres años. No es fácil asumir para una persona que se presume muy progresista en todo lo que respecta a las cuestiones morales que siente celos. Que unas veces odia a su chico por haberle arrebatado a su chica, que otras odia a su chica por mostrar más interés por su chico que por ella. Evidentemente, me enfrento a mi cerebro de primate. Posesión, traición, procreación. El orangután que llevamos dentro. Disimular mis sentimientos (si no afloran, no existen: así mi imagen de progre queda intacta) me llevó a una paulatina ansiedad que empezó con leves pinchazos en el estómago y acabó con la autoestima destrozada. El interés de él por ella (la novedad, la juventud) fue en detrimento de su interés por mí, lo mismo que el de ella por él (su tendencia a la heterosexualidad). O así lo percibía yo en lo que empecé a reconocer como una especie de estado psicótico en el que adquirí el insufrible vicio de completar los espacios en blanco siempre con información nefasta. La paranoia, el caos. Pese a sentir que despegaba de la realidad, me reafirmaba en mis percepciones.

Ya de vuelta de la estancia en Bolonia, empecé a valorar como única alternativa para mi alivio el balcón de casa, de par en par abierto por el calor. Esta sería la primera vez que pensaría en la muerte como opción. Jamás contemplé el suicidio como alternativa; simplemente quería darle al botón de desaparecer. Aunque fuese solo por un tiempo. Ya no me gustaba la vida. Se me había vuelto inhóspita. El trabajo me era tedioso, mi situación sentimental era confusa, la literatura tampoco era ya un consuelo. No había nada que me interesara. Junto con esta idea de desaparecer, me asaltaba la de autolesionarme. Recuerdo que una tarde miré fijamente el hueco de una ventana rota de mi despacho de la facultad, por cuyo vano me sentí tentada de meter el brazo para sajarlo. Por buscarme un problema de verdad, un dolor tangible, algo que se pudiera curar con puntos y unos cuantos analgésicos.

Al entender que en este caso la depresión era evidente, mi hermano me instó a recurrir a un psiquiatra. Y así fue como llegué a manos de este avezado discípulo de Castilla del Pino al que llamaré «doctor Fausto» no por la novela de Thomas Mann, sino porque, además de psiquiatra, es doctor (como yo) y siempre está feliz («fausto» como opuesto a «infausto») y rezuma quietud, quizá porque sabe que eso es justo lo que necesitan ver sus pacientes. Por lo menos, a mí me funciona. Y me apetece contarle las cosas. Con él no me callo nada, porque entiendo que es así como puede ayudarme de verdad, teniendo todas las claves. Pese a su edad (tiene más de setenta años), aún sigue en activo y con sus facultades de serie en plena forma. Además, se muestra comprensivo con mi atípica relación amorosa, de la que quiere saber cada detalle. En consulta no disimula su ansia de cotilleo, a la que siempre trata de buscar una suerte de encuadre *sociopsicoquímico* que acaba ilustrándome con algún libro. Siempre salgo de consulta con alguna recomendación literaria, ya sea en forma de novela o de ensayo. Como si fuera una prostituta de lujo, pago con gusto los elevados emolumentos de cada consulta, pues el doctor Fausto me gusta como amigo sabio, como gurú de la mente.

Al principio le costó sondearme porque me decía que le hablaba siempre en abstracto, reformulando la realidad y generando con ella un críptico discurso psicofilosófico que le ofrecía una imagen tamizada de mí. Una y otra vez me animaba a que fuese a lo concreto. Su primer diagnóstico lo profirió con ciertas reservas porque me dijo que le resultaba bastante impenetrable y asentimental: presentaba un cuadro depresivo con origen en una ansiedad (por causas laborales y sentimentales) prolongada en el tiempo. Me recetó dos antidepresivos, un ansiolítico y un antipsicótico (este último supongo que por las películas de celotipia que me estaba montando). Además, me recetó una fórmula magistral para la prevención de las crisis migrañosas, el milagroso oxitriptán, que, como ya he dicho, también tiene que ver con la regulación de la serotonina. A menudo he pensado que todos mis problemas de salud también se encierran en dos: bastante ansiedad congénita y cierto lío genético.

El caso es que, a medida que me fue sondeando (cuando yo me dejé sondear porque bajé la guardia de mi timidez y me fui ablandando), y sobre todo al ver el subidón que tenía al llevar un mes tomando Prozac, el ponderado doctor Fausto frunció el ceño y permaneció un rato caviloso antes de anunciarme que consideraba que tenía un trastorno bipolar. Leve, nada grave, casi un simple rasgo de personalidad.

El caso es que este diagnóstico nos ayudaba a ambos a explicarnos *a posteriori* muchas cosas: mis constantes cambios de humor, agudizados durante la adolescencia, pero presentes desde que nací en forma de continuas contradicciones; mis desbocados estados de flujo, sobre todo cuando aporreaba las teclas de un ordenador (bien por un artículo de investigación, bien para hacer literatura); las cosquillitas por la espalda de pura dicha, la incontrolable verborrea, el desmedido entusiasmo que indefectiblemente me obliga a frotar de forma compulsiva el índice y el corazón de la mano derecha. Y, como contrapartida de todo esto, la desazón, los agujeros negros, el pesimismo, la inadaptación, los silencios, las somatizaciones, y las tres depresiones a mis espaldas. Además, como remedio a mano para ambos extremos estaba el consumo (algo compulsivo) de sustancias. Nunca nada duro ni en grandes cantidades (soy demasiado moralista), pero sí alcohol (poco), cafeína, pastillas (para dormir, para no dormir, para relajarme, para estar feliz).

Por fin alguien señalaba ese Jano que hay en mí (dos rostros, dos personas) y le ponía nombre. En realidad, nada ha cambiado, salvo porque tomo Lamictal, un regulador del estado anímico que impide los picos (cada pico hacia arriba conlleva un pico hacia abajo). Pero ahora tengo una etiqueta para poder explicar la loca montaña rusa que supone mi día a día. Desde que tomo estas pastillas (además de todas las anteriores), me noto una persona más plana, más normal. Les atribuyo a ellas una desmemoria creciente y esta falta de creatividad que me ha llevado a abandonar una novela en ciernes y sumarme al estúpido carrusel de la literatura del ego. Escribo sobre mí porque tengo capada la inventiva. El doctor Fausto, al preguntarme, decidió bajarme la dosis, pero no reaccioné bien al cambio, así que la volvimos a dejar como estaba. Y en esas sigo: más equilibrada que nunca y menos creativa también. Es probable que mi talento literario esté ligado a la bipolaridad. Las rachas depresivas me empujan a escribir (para sobrevivir), las rachas maníacas hacen que lo logre (a veces me da la sensación de que el pensamiento me sale directo de la yema de los dedos).

(Adenda: mientras corrijo este texto, mi psiquiatra ha decidido sustituirme el Lamictal por litio, así que ahora sí que puedo afirmar que soy una bipolar de libro. Esperemos que al menos poco a poco vaya recuperando mi creatividad perdida).

Siento que durante este último año he aprendido más de mí misma que en los treinta y tantos anteriores. Desde siempre he sido muy pesada con la leyenda que rezaba en el frontispicio del Oráculo de Delfos, el *gnóthi seautón* («conócete a ti mismo»). Si algún día fuera lo suficientemente hortera, es la frase que me tatuaría en el dorso del antebrazo. Sin duda. Creo que, si nuestra vida tuviera algún propósito (que ya lo dudo yo), habría de ser ese: llegar a saber quiénes somos exactamente, qué se esconde tras la máscara (en latín es esto lo que significa el término «persona»). A lo largo de mi vida, la etimología me ha ayudado a llegar a algunas conclusiones bastante lúcidas.

En definitiva, después de frisar los cuarenta y haber llegado, si no a conocerme del todo, al menos sí a empezar a vislumbrarme a mí misma, o acaso a ese yo inasible y cambiante que vamos construyéndonos día a día, he extraído la conclusión de que soy una persona enferma. La enfermedad en mí no es un estado, sino que forma parte de mi esencia. Y digo *enferma* y no *enfermiza* porque no es que tenga predisposición a enfermar, es que la enfermedad forma parte de mi caracterización personal. Me siento constantemente enferma y eso se ha convertido ya en un paradigma vital. Tengo un cajón gigante en casa repleto de fármacos, viajo acarreando una bolsa entera que nunca cabe en la maleta, no pasa ni un solo día sin que ingiera algún tipo de pastilla. Y así desde hace años, lustros, décadas. Desde que tengo memoria.

Asumo, por tanto, la enfermedad como un rasgo más de mi personalidad que me condiciona tanto mi manera de estar como de ver o entender las cosas. Soy yo quien genera mi propio cielo y mi propio infierno. Como todo el mundo, en realidad, pero quizá yo lo hago de una forma patológica. Lo bueno que tiene saberlo es que puedo llegar a controlarlo. Dentro de un orden, claro: ante el aluvión de achaques, que impere el caos. Estoy convencida de que, pese a todo, viviré bastantes años (lo cuantitativo por encima de lo cualitativo).

Hay otra frase que me gusta repetirme y que pedí a mi padre que me pirograbara en un trozo de madera. La tengo en mi dormitorio, y todos los días la leo antes de acostarme: «está bien así». Un verbo copulativo, dos adverbios, un deíctico que señala no se sabe adónde. Desconozco por qué, pero esta frase me consuela. Significa que, ocurra lo que ocurra, no cambiaríamos ni un ápice de nuestro presente, ya pasado inmediato. Porque el pasado no es relevante (siempre es presente que se ha echado a perder), y mucho menos el futuro, esa entelequia. Nadie sabe cuándo estaremos muertos. Recuerdo ahora una excelente frase (esta de verdad que lo es) de la peli de animación aparentemente liviana *Kung Fu Panda* que decía así: «el hoy es un regalo, por eso se le llama *presente*». Y esto me lleva directa al juego literario de la paronomasia: de la medicación pasaré a…

La meditación

Si observas las plantas con atención, tendrás la prueba más contundente de la estupidez humana.

GONZALO TORRENTE BALLESTER

Soy una persona tan profundamente espiritual como convencidamente atea. Así que la única de las grandes religiones que me merece respeto es la única no deísta: el budismo. En realidad, en ella todos podemos ser dioses. Siddhartha es Buda por antonomasia, pero todos podemos imitarlo. Buda es como los santos para el catolicismo: un ejemplo de vida. Si él supo cómo salir del Samsara, todos atinaremos con la puerta de entrada al Nirvana. O si no, al menos podemos intentarlo. Que simpatice con el budismo (con unas ramas más que con otras: el tibetano tiene al Dalái lama, que me recuerda demasiado al Papa de Roma y eso me echa para atrás) no quiere decir que sea una persona religiosa. Ya he dicho que lo que me pasa es que soy espiritual. Pero religiosa en absoluto. Ser religioso es como ser de un equipo de fútbol, de un partido político o de una hermandad cofrade: una cosa muy paleta. No hay que transitar los cauces establecidos, hay que adentrarse campo a través. Y eso implica siempre ir con machete para abrirse camino.

Empecé a interesarme por el budismo en general y por la meditación en particular durante los últimos años de la carrera universitaria, cuando lo pasé lo suficientemente mal como para tener una crisis de valores generalizada. Mis periodos de ansiedad me dejan como después de un accidente de tráfico. Toda espiritualidad es poca. Empecé entonces a leer libros sobre el tema como una loca y a hacer mis primeras sentadas (a meditar, vamos). Me acompañó en el inicio del proceso un compañero de estudios que también estaba pasando por un mal momento. Intercambiábamos lecturas, meditábamos juntos, manteníamos intensas charlas sobre el sentido verdadero (nulo) de la vida.

Tengo que reconocer que aquellas lecturas y primeras experiencias fueron uno de los hallazgos más singulares que he vivido. A medida que leía, sentía que todo empezaba a encajar; cuando me sentaba sin hacer nada, notaba que pasaban cosas. Y potentes. Pero potentes de verdad y, sobre todo, profundas. Esto me hizo sentirme superior al resto de los mortales, a pesar de que la exacerbación del ego es lo contrario a su anulación. Conviene recordar que en aquellos años (allá por 2010) no estaban tan de moda como ahora la meditación ni el yoga, ni tampoco esos horrendos budillas decorativos (la gente se piensa que Buda es un señor gordito). Para el común de los mortales *meditar* era darle muchas vueltas a una cosa. Pero para mí ya era por entonces lo contrario: no pensar, no seleccionar, limitarse a respirar y a eso que tanto nos cuesta que es simplemente *estar*.

Cuando llevaba más de un año inmersa en la práctica meditativa y en lecturas varias (sobre meditación, pero también sobre budismo zen y tántrico, sobre filosofía oriental, sobre cómo modificar algunas pautas de vida absurdas que no nos cuestionamos), me presentaron a un señor que hacía meditaciones guiadas en grupo. Era un antiguo hombre de negocios que decidió cambiar su estilo de vida al volver de una estancia en la India. Su maestro había sido Ramana Maharshi y como su escuela era la hinduista nos hablaba con frecuencia de la *kundalini* o energía vital. Sus conocimientos y experiencias me ayudaron a complementar mi formación autodidacta. Este hombre era tranquilo, quizá demasiado. La gente que medita mucho es como la que fuma porros: parece que se han quedado idiotas. Por eso yo nunca he dejado que se me vaya la mano. Llevo meditando de forma más o menos ininterrumpida unos doce años, pero nunca me he tomado la práctica con demasiada seriedad.

Cuando entendí que este hombre (¿mi maestro?) me

había enseñado todo lo que podía enseñarme y escamada por algunas señoras de talante poco zen que se apuntaron a las sesiones grupales, decidí volver en exclusiva a mis meditaciones en solitario. Por entonces vivía en un cuarto piso con un enorme ventanal que daba a un frondoso parque. Le instalé unas persianas venecianas que fragmentaban el paisaje, como domesticándolo. Me sentaba en el sofá con las piernas cruzadas de forma normal (la postura del loto hace que no me circule bien la sangre y sufro mucho si la mantengo demasiado rato) y la vista fija en la copa de una esbelta palmera que asomaba entre dos abetos. Mirando a través de las lamas de madera que me colocaban el parque como en un pentagrama pasé algunos de los mejores momentos de mi vida. Y es que, cuando llega la magia en la meditación, que no siempre ocurre, cuando se entra en ese estado particular de la mente en el que una se mueve en una suerte de frontera entre la realidad y el sueño, se siente un bienestar parecido al del orgasmo. Parecido aunque menos intenso (porque si no, no podríamos aguantarlo). Es como un orgasmo *sotto voce*, sostenido en el tiempo. Una reconoce enseguida en esa sensación que hemos nacido para estar en ese punto, que no es otra cosa que estar de veras, presente a tope. Cuando una lo prueba entiende de un plumazo que la vida, tal y como la conocemos, es una existencia descafeinada.

En pleno pico de euforia meditativa, acudí a la estupa budista (una especie de santuario) de Benalmádena.

La idea era husmear en el sitio (idílico pese a la urbanización salvaje de la zona), comprar algo de incienso en la tienda y volverme a casa después de echar un día de playa. Sin embargo, al entrar al templo vi que había una suerte de «ceremonia de bautizo» en la que un lama prestigioso hacía tragar a sus prosélitos unos granitos de arroz que simbolizaban la gracia budista creciendo en nosotros. Me tragué el grano, me rebauticé con ellos. Se asignaron nombres al azar entre todos los presentes y a mí me tocó el de *Karma Tenzin*, que significa «la que sostiene la doctrina». Y vaya que si la sostengo, pues a día de hoy sigo erre que erre con la meditación. El lama nos fue llamando a su lado uno a uno y fue escribiendo en diferentes papelitos nuestros nombres para que nunca los olvidáramos. Aún conservo ese singular documento de identidad, a cuyo reverso adherí un trébol de cuatro hojas. En él también aparece el nombre del lama, *Khenpo Ngedön*, la fecha de la ceremonia, el 26/02/2012, y el lugar, *Benalmádena Stupe*. No es que le diera al ritual en sí mucha importancia, pero el rato que duró fue más significativo para mí que los centenares de horas de misa a las que me obligaba el colegio católico al que fui, o los vacuos ritos funerarios a los que debía acudir en las sucesivas muertes de mis numerosos tíos abuelos. Por primera vez en mi vida, sin sentirme plenamente interpelada, noté que la religión podía tener alguna utilidad. Como si se hubiese tratado de un refrendo social a mis crecientes creencias, salí de la estupa y puse rumbo a casa en un estado de completitud que he sentido en contadas ocasiones. No digo que no hubiera un fuerte componente de sugestión, pues es la finalidad de estas ceremonias; digo que este, fuera de la naturaleza que fuera, me funcionó. ¿Me había convertido en una persona creyente? Pronto comprobé aliviada que no, que seguía siendo una escéptica. Pasado el momento de euforia, volví a colocar la meditación en el lugar que le correspondía en mi vida: no muy lejos, pero tampoco demasiado cerca.

En este capítulo era mi propósito profundizar un poco en lo que significa para mí la meditación, o al menos como yo la entiendo. Pero ahora, al intentar hacerlo, me doy cuenta de que es un proceso bastante inefable. Así que me limitaré a contar cómo medito y algunas ideas que tengo al respecto.

Casi siempre suelo meditar en mi silloncito de lectura, uno de Ikea en el que paso muchísimas horas al día desde que lo compré hace casi una década. En contadas ocasiones he meditado por cuenta propia en el suelo, sobre una estera, en la pose del loto. Meditar no tiene por qué conllevar acostumbrarse al sufrimiento físico. Mi escoliosis y mi mala circulación harían de mi práctica un calvario. El acto es de por sí lo suficientemente difícil como para ponerle más trabas. Una vez sentada, utilizo diversas técnicas: la focalización de la mirada en un punto (normalmente algo agradable: una figurita inspiradora, una piedra preciosa, la llama de una vela), el conteo continuo hasta diez, la repetición mental de un mantra o la atención plena a mis narinas, sintiendo cómo el aire entra y sale de ellas, rozando. Últimamente me ha dado por utilizar algunos cachivaches que me disponen eficazmente para la práctica: un cuenco tibetano, unas bolas chinas, un rosario budista. A veces medito con música, otras en completo silencio. Tengo un humidificador en casa cuyo borboteo me ayuda a entrar en ese particular estado que busco cuando me siento.

Mi récord de tiempo meditando está en una hora, aunque normalmente medito entre veinte y cuarenta minutos diarios. Los días que no encuentro el hueco, diez. Intento priorizar la práctica frente a otras tareas supuestamente impostergables. A mí meditar no solo no me resulta pesado, sino que a menudo tengo que obligarme «a regresar». Me apena la gente que dice que no tiene tiempo para hacer deporte, ver películas, leer o meditar. No puedo evitar pensar que están tirando su tiempo a la basura, que más vale que se mueran ya.

No es lo mismo limitarse a existir que andar trajinando con la realidad. Normalmente somos el elefante en la cacharrería. Juzgamos, interferimos, nos enfadamos, contradecimos los hechos. La realidad se vuelve insignificante ante nuestro juicio sobre ella. Vivimos pensando el mundo. Y ese es el gran acto de rebeldía que supone la meditación. Meditar es nuestro intento de vivir sensorialmente, sin interferencias. El resto de los animales vive en meditación. En pleno presente, atentos al entorno. Si llevamos nuestra mente a ese lugar fronterizo donde la máxima alerta se confunde con la máxima relajación, tendremos la ilusión de ver la realidad tal como es. Meditar empieza con la propia intención de hacerlo, se alcance o no ese estado. Soy consciente de que lo único que puedo hacer es sentarme y esperar.

Me propongo concretar ahora la sintomatología que percibo cuando medito: primero noto que se me relaja el estómago, luego me siento particularmente enraizada en el cuerpo, sobre todo a partir de los pies; después confundo la posición de mis manos y no logro distinguir si puse la izquierda sobre la derecha formando cuenco o al revés, si las tengo posadas en mis rodillas o si estoy haciendo con ellas algún *mudra*. Luego, cuando abro los ojos, tengo una concepción bien delimitada del espacio que me rodea. Todo guarda una prístina geometría que me lleva a fascinarme por el impecable sentido de la vista humana. Cuando cierro los ojos, me pasa lo mismo con los sonidos. Suenan diferentes, dejan de ser molestos y pasan a convertirse en el ritmo del mundo. Abro y cierro los ojos varias veces a lo largo de la sesión. No tengo que hacer el esfuerzo de no pensar: la realidad, recién descubierta, se me impone.

Desde hace poco me ha dado por ir a meditar a algunas de las iglesias de mi barrio. Como vivo en una zona histórica, todas tienen mucho encanto. Las hay de diversos estilos: románicas, góticas, neoclásicas. No sé si acudo a ellas porque no puedo sustraerme de mi educación en un colegio católico (desde los siete a los diecinueve años estuve en sus aulas), al que mis padres me llevaron más por comodidad que por convicción, o por lo que me digo a mí misma: la dureza de los bancos y el fresco me ayudan a no dormirme cuando decido meditar por las mañanas. Pero lo cierto es que me lleva a la iglesia el malestar que me embarga, sobre todo durante las primeras horas del día, que a menudo me impide trabajar. Solo desde hace unas semanas me siento más motivada. Supongo que las pastillas van poco a poco haciendo su efecto. Si obvio las particulares connotaciones del catolicismo, que las horrorosas tallas religiosas no paran de recordarme, logro que el olor a incienso y a madera, la luz cenital y el silencio imperante actúen como imanes para mis sentidos. El espacio se me impone. Y entonces ya no hay lugar para el malestar.

Meditar es mirar hacia afuera. Cuando dejamos de volcarnos sobre nosotros, paradójicamente nos encontramos plenos. Nos llenamos vaciándonos. La mística es el lenguaje (o el no lenguaje, lo inefable) que se deriva de la práctica de la meditación. Admiro a Salvador Pániker o a Pablo D' Ors, que tan bien han sabido ponerles palabras a esta misteriosa manera de estar en el mundo. De una forma soterrada, de la que puede que ni ellos mismos se dieran cuenta, he descubierto una filosofía de vida similar en autores como Jorge Luis Borges, Vicente Aleixandre, Juan Ramón Jiménez o Jorge Guillén. Su manera de entender la literatura y la vida tiene mucho de anclaje al mundo de las cosas, de metafísica del aquí y ahora, de comprender el mundo a través de los sentidos. Al fin y al cabo, meditar es mirar la vida desde un paradigma más objetivo (desde un no-paradigma) que nos armoniza con el entorno. Cuando bordamos la sesión, nos sentimos fuera de nosotros, derramados por todas partes: somos uno con la realidad. Yo creo que por eso, durante la práctica, me siento particularmente sensible en relación con los límites de mi entorno: el salón, el resto del piso, el edificio que lo alberga, las casas colindantes, el entramado de calles, la ciudad, el país, el continente, el mundo, el universo.

Ahora la meditación está de moda. Hay muchos famosos que la practican. Su dudosa inteligencia hace que me entren crisis de fe. Pero no cejo en mi esfuerzo: yo empecé antes que ellos, cuando me preguntaba por qué esa maravilla no era más conocida en Occidente, cómo era posible que la mayor parte de la población se estuviera perdiendo una manera así de vivir. Además, acerca de la práctica de la meditación hay investigaciones científicas. Por lo visto, meditar modifica el cerebro. Según se ha estudiado, consiste en llevar la mente a algún punto entre la vigilia y el sueño en el que se liberan sustancias placenteras (endorfinas, cortisol). Todo tiene su explicación, claro. En Oriente hablan de energía y *chakras*. A mí eso me da lo mismo. Cuando medito bien se me calientan las manos y los pies. No sé a qué se debe pero me gusta lo que siento.

Aunque la meditación no solo consiste en sentarse. Como ya he dicho, es una nueva manera de aproximarse a la realidad. La «meditación activa» consiste en interiorizar la práctica y hacer bajo su influjo cualquier actividad cotidiana. Esto conduce a anclarse firmemente al presente más absoluto, que se acaba imponiendo. Cuando lavamos los platos, lavamos los platos; cuando leemos, leemos; cuando charlamos con alguien, charlamos con alguien. El cerebro está al servicio de la aprehensión (presente), no de la rememoración (pasado) o de la preocupación (futuro). El tiempo se vuelve cualitativo (*Kairós*) y deja de ser cuantitativo (*Kronos*). Salvo para lo preciso: los horarios que nos establece la sociedad (trabajo, citas, recados), la memoria funcional (recordar útilmente).

Una de las mejores maneras para iniciarse en la meditación activa que he descubierto recientemente es montar en moto. No en escúter o ciclomotor, sino en motocicleta. El juego del cambio de marchas, embrague, acelerador, freno delantero, freno trasero. Y la conducción. No es lo mismo que llevar un coche, en el que, interiorizados los gestos, puedes relajarte (conversar, escuchar música, fumarte un pitillo). La moto te exige atención plena. Estar siempre en el presente. Una distracción puede costarte la vida. También sentí algo parecido (la adrenalina encharcándome el cerebro) en una carrera de karts en la que participé hace poco.

Otro de los imanes que me atrae con fuerza al

presente es el baile. Yo nunca he tenido la necesidad de bailar. De hecho, es una acción a la que he de obligarme. Pero asimilar una coreografía y desarrollarla acapara toda nuestra atención. Primero, para aprender los movimientos y memorizarlos; después, para ejecutarlos; finalmente, para pulirlos. En este sentido, montar en moto o conducir un kart a toda pastilla también es coreográfico.

Y estas últimas reflexiones me llevan al siguiente punto. La mejor forma de anclarme al presente que desde siempre he conocido es el deporte. Desde esas primeras horas nadando en la piscina por prescripción facultativa hasta la vigorexia de la que soy presa hoy, con la práctica deportiva he experimentado el máximo sufrimiento, pero también un enorme placer. Llevar la mente al cuerpo es, como diría el Dalái lama actual, «traer la mente a casa». Otra prueba clara de que la dualidad cristiana es una falacia. No hay cuerpo y alma ni cuerpo y mente. El cerebro es un órgano más. Así que todo es cuerpo.

El deporte

«La lamentable y magnífica familia de los nerviosos»,
decía Proust, y decía también que nosotros, los
nerviosos, los melancólicos, los bipolares, somos la sal
de la tierra.

EMMANUEL CARRÈRE

Pese a la apología que acabo de hacer de la meditación, lo cierto es que a mí me cuesta la calma: la anímica y la corporal. Me gusta estar tranquila pero es algo que nunca consigo. No soporto la idea de quedarme en casa un día entero. Lo pasé regular durante los meses de confinamiento por el coronavirus. Con la excusa de tirar la basura o ir al súper, me recorría medio barrio; todas las mañanas me hacía varios kilómetros en la azotea. Seguí diversos tutoriales de deporte desde el móvil. Mientras la gente salía a aplaudir al personal sanitario, yo hacía sentadillas.

De verdad que lo único que lamenté fue no poder ir al gimnasio. El resto de aspectos no me parecían tan terribles: no socializar, librarse de los eventos familiares, trabajar obligatoriamente desde casa, no tener que tomar mil decisiones. Además, aproveché para leer más, para ver más películas, para escribir más páginas al día. Resultaba que ahora las jornadas se habían estirado como un chicle. ¿En qué se nos va el tiempo cuando vivimos «normales»?

De adolescente era una niña gordita («rellenita», me decía mi madre). Mi médico de cabecera de entonces me dijo que estaba «fofa». Aquello hirió mi orgullo lo suficiente como para obligarme a ir a nadar los sábados por la mañana a una piscina cubierta. Yo no había aprendido a nadar bien de pequeña porque mi madre me llevó engañada a unas clases de las que me fui llorando. Entonces me pareció que había demasiados inconvenientes: mucha agua, poca ropa, pruebas competitivas, niños de mi edad. Yo era feliz nadando a mi aire. Ahí me empezó a picar el gusanillo del deporte.

Por entonces casi no había gimnasios, y los pocos que había estaban orientados a un público eminentemente culturista. Así que empecé a compaginar la natación de los sábados por la mañana con unas clases de gimnasia de mantenimiento en el polideportivo de mi barrio. Mi madre, que por aquel tiempo frisaba la menopausia, se apuntó a las clases conmigo para evitar *ajamonarse* (ahora está más bien *amojamada*). Desde entonces y a lo largo de más de veinte años es mi incondicional compañera de deporte. Practicarlo juntas nos ha unido más que ninguna otra actividad. A día de hoy, me enorgullezco de tener una madre tan en plena forma a pesar de su edad. Es la madre más atómica del gimnasio.

Con la llegada del siglo XXI se produjo una democratización extrema del deporte que conllevó la apertura de un sinfín de centros que ya no estaban exclusivamente dedicados a la musculación o a las prácticas de artes marciales (aquellos cutres *dojos* de barrio). En uno de ellos tuve la oportunidad de muscular por cuenta propia en la «sala de máquinas», correr en cinta como había visto hacer en las películas (*Lost in Traslation*) y descubrir en qué consistía ese concepto que entonces empezaba a manejarse de «clases colectivas». Enseguida me lancé a probar el *spinning* (montar en bici estática de manera colectiva al ritmo de la música), el *bodypump* (levantar pesas de manera colectiva al ritmo de la música), el pilates (que al fin salía de esos enigmáticos centros médicos) y el yoga (lo impartía una maruja, pero fue mi primer contacto con la práctica, que no me desagradó).

Luego llegó la moda de los macrogimnasios, que normalmente pertenecían a cadenas nacionales. A pesar de mi beligerante anticapitalismo, acabé sucumbiendo al precio del abono de uno de ellos, que incluía piscina interior y exterior, además de baño turco, sauna finlandesa y spa. Desde que lo inauguraron en 2011, acudo a este centro todas las semanas. Creo que soy una de sus clientas más antiguas (y fieles). Así que llevo más de diez años asistiendo a clases colectivas de las disciplinas más variopintas. El nuevo capitalismo vigoréxico no permanece ajeno a las modas. Por eso las actividades que he practicado durante toda esta década han ido yendo y viniendo junto con su estelar nomenclatura anglosajona, que les confiere más empaque: *cardiobox*, *corebar*, *body power*, *total body*, *fitball*, *strength*, *trueflow*, *aqua power*. He sometido mi cuerpo a torturas varias que algunos ni siquiera imaginaríais. Además, he frecuentado la sala de máquinas (tanto para musculación como para cardio), he nadado hasta arrugarme por las cloradas calles en de una piscina olímpica, me he masajeado dócilmente con los chorritos de un sofisticado *jacuzzi*, he sudado a más de sesenta grados junto a señores de más de sesenta años. He convertido mi cuerpo en un templo y el gimnasio en un lugar de peregrinación. No descanso nunca, simplemente reduzco mi actividad algún que otro día a la semana: camino con brío, levanto pesas en casa, estiro una banda elástica o hago abdominales.

Me estimula alternar diferentes tipos de actividades para desarrollar mi capacidad pulmonar y cardiaca, así como la fuerza, el equilibrio, la elasticidad y, en general, toda la destreza psicomotriz. Para mí, trabajar el cuerpo es una manera de tomar conciencia de mí misma y de mi presencia en el mundo. Pura meditación activa. Y no solo hablo del yoga, que exige máxima concentración en cada movimiento, sino también de otras prácticas que, de tan exigentes, se expanden en tu cabeza impidiendo que te asalte ningún pensamiento. Puesto que te anclan al presente de forma automática, no te queda más remedio que circunscribirte al aquí y ahora del sacrificio, pero también de la superación y el autoconocimiento (sé cómo soy, sé hasta dónde puedo llegar).

Aunque me gusta practicar deporte de forma solitaria (que además es lo que mejor va con mi talante), tengo que reconocer que hacerlo en grupo motiva de forma especial. Me pasa con el yoga, que llevo años practicando, o con las recientes clases de baile, en las que se establecen simpáticas sinergias. De adolescente ya sentí ese hermanamiento derivado del deporte grupal. Formé parte del equipo de baloncesto femenino de mi colegio, y durante el instituto jugué al fútbol, al voleibol, al balonmano, e incluso practiqué el *lacrosse*. Además, en la casa del campo de mis abuelos jugaba con mi hermano y mis primos al bádminton y con la indiaca, aquella esponja con plumas que estuvo durante algún tiempo de moda.

A día de hoy, el deporte tiene un papel crucial en mi vida. Cuando subimos a Soria aprovechamos (mi chico y yo) para hacer rutas por el campo en bici de montaña (memorables), y el resto del año voy al gimnasio casi a diario, preferiblemente a última hora de la tarde. Algún fin de semana voy a media mañana. En general, me gusta practicar el deporte en horario vespertino. Hay quien dice que por la mañana te espabila, pero a mí me deja floja para todo el día. En definitiva, se puede decir que me he convertido en una persona más o menos atlética. Si no he obtenido mejores resultados, es porque la genética me lo impide. Yo ya más no puedo hacer. O no estoy dispuesta a hacerlo. Es una cuestión de prioridades: sigo considerando que la lectura o la escritura, por ejemplo, deben ocuparme un mayor número de horas que la actividad física.

No voy a añadir mucho más en este apartado porque temo que adquiera tono y forma de libro de autoayuda. La meditación no se entiende muy bien en Occidente (todavía veo a gente muy despistada en clase de yoga), pero la práctica deportiva sí. El capitalismo la ha fagocitado y ha convertido la competición deportiva en la nueva vía para la épica. Eso no tiene nada que ver con la manera en que yo entiendo el deporte. Más bien es lo contrario. Yo jamás sigo las competiciones deportivas, siempre esquivo los Juegos Olímpicos cuando los retransmiten por la tele, ni siquiera he participado en una carrera de barrio.

En realidad, nunca me ha interesado demasiado mi cuerpo. De pequeña se metían conmigo porque estaba un poco gordita (también era muy tímida, y eso me hacía vulnerable). Sigo sin estar contenta con mi cuerpo: no me convence. Me incomoda la desnudez incluso en mi propia casa, me avergüenzo de ella en la playa o en la piscina. Siempre que llevo poca ropa me siento cohibida. Entiendo que es una actitud mental. Como en su día fui objeto de burla, hoy lo soy de complejos. Evito los espejos. Intento centrarme en el interior, que es lo que me importa. El deporte me conecta con mi cuerpo desde dentro, por eso me interesa. Si decido obviarlo, que sea porque lo considere irrelevante, no porque lo perciba como un problema. Sigo teniendo esa cuenta pendiente. Espero que el deporte acabe ayudándome a reconciliarme con mis límites de carne, con el espacio que ocupo; en definitiva, con lo que soy. Me temo que, como tantas otras cosas en mi vida, mi cuerpo es un importante foco de insatisfacción.

La insatisfacción

No me gusta el puro macho ni la pura hembra.
Felizmente, esta civilización posmoderna que yo llamo
«retroprogresiva» tiende a acabar con los estereotipos
y conciliar los contrarios: yo por ejemplo soy un adulto
responsable y soy un niño.

SALVADOR PÁNIKER

Nunca he estado conforme con el mundo. No sé si ya he expresado esta idea, pero insisto en ella porque es importante para comprender todo lo demás. Esas cosas que la mayoría entiende como naturales y como tales va asimilando a lo largo de sus vidas yo no las soporto. Hablo de algunos aspectos como la idea de familia, la asunción de unos presupuestos religiosos que te vienen culturalmente dados y con los que estás extremadamente familiarizado, las opciones políticas que se encuentran representadas en el arco parlamentario (y no hablo ya del bipartidismo, que tiene para mí la misma carencia de sentido que un Madrid-Barça), el concepto imperante de pareja (el monógamo y heteronormativo) e incluso de género (por ejemplo, yo de pequeña era una marimacho que no quería ser Heidi sino Pedro).

Quizá aquí pueda encontrar la explicación de lo que me pasa con mi cuerpo. Empecé a odiarlo cuando se me ensancharon las caderas, me crecieron las tetas (afortunadamente poco), me salió pelo por todas partes. Me odié a mí misma entonces y no acabo de tolerarme ahora. Al margen de su mayor o menor perfección, no me convence porque pertenece al género que la sociedad reconoce como femenino. Y ocurre que yo no me identifico con ese género. De pequeña puede ser, pero hoy día en absoluto quisiera ser un hombre. Esto me lleva a descartar la transexualidad, lo cual me supone un lío menos. Lo que pasa es que me veo al margen de la clasificación binaria. Y, si lo pienso, siempre ha sido así. Yo no me siento ni hombre ni mujer, sino alguna otra cosa perdida por ahí en medio, indeterminada. Me gusta alguna prenda de ropa de hombre, alguna de mujer, pero jamás cuando están muy sexualizadas (tanto para un lado como para el otro). El andrógino es mi modelo. También mi objeto de deseo. Quizá tengo dos tareas sociovitales pendientes: solicitar la apostasía para dejar de contar en las estadísticas como católica, e ir a cambiarme el género en el DNI para no seguir contando como mujer. La neutralidad es mi espacio confortable. *Suizamente.*

Siempre he procurado estar al margen de cualquier opción o, en todo caso, me he decantado por el hibridismo. Que conste que no lo hago adrede: lo hago porque quiero lo que no existe (o lo que no es *exactamente* como existe). De la misma forma que dudo de mi cuerpo, dudo de mis ideas y de mis decisiones. Vivo en lo líquido, que diría Bauman. Pero me siento tan inestable como lo gaseoso. O quizá no es tanto que dude como que mis opciones son las que no existen, las que nunca o muy raras veces se nos ofrecen. Las que, como no vienen dadas, hay que practicarlas con su poquito de a contrapelo, contraviniendo alguna convención social (o varias), incluso transgrediendo alguna norma.

Por otra parte, esto entra en radical contradicción con el espíritu responsable que me caracteriza. Es como si me hubieran programado para ser la niña buena, la que no saca los pies del plato. La trágica consecuencia de esto es que a menudo no existe relación alguna entre lo que digo y lo que hago, entre lo que pienso y cómo me comporto. No soy de fiar para mí misma. Y eso me compromete más de lo que me gustaría: a menudo me veo embarcada en situaciones de las que me arrepiento. ¿En qué momento se me ocurrió comprarme esta falda?, ¿por qué dije que sí a este viaje?, ¿cómo de idiota estuve para presentarme como voluntaria a esta actividad?

Mi hermano llama a esto «disonancia cognitiva», que consiste en el nulo acuerdo entre el sistema de ideas y valores y los comportamientos desarrollados. Creo que aquí reside el mal de todos mis problemas. La razón última que ha motivado la escritura de este ensayo personal. Soy un ser humano profundamente contradictorio. Es imposible fiarse de mí. O yo no lo recomiendo. Al menos, que el tormento que haya que aguantar por esta conducta me afecte solo a mí. No quiero a nadie en mi barco. Tengo que salvaguardar a las personas que aprecio de mis continuos virajes y giros de timón de 360° (y no lo digo por error, como es frecuente, sino porque a menudo recorro todo el espectro posible hasta llegar al punto de inicio). Entre otras cosas, por esta forma de ser he decidido renunciar a la maternidad. Soy yo la niña, la hija eterna. Ser madre es haber madurado, tener las cosas claras (lo que quiera que sea eso). De todos modos, los niños no me suscitan ninguna simpatía, ni siquiera los de mi familia. Me parecen personas menos interesantes aún que los adultos. Me quedo con los libros, que siempre me han aportado más. O, dentro de los seres vivos, con las plantas. Un musgo adherido a la corteza de un roble me parece más relevante que un actor de Hollywood, que un catedrático, que un presidente de gobierno. Los humanos, en general, me dan pereza. Me damos pereza. Claramente, valemos menos de lo que decimos. Todo ese rollo del cristianismo y que si somos hijos de y estamos hechos a su imagen y semejanza evidencia cómo se nos ha subido el asunto a la cabeza. En el caso de que fuéramos los más inteligentes, que no lo cuestiono, ¿quién ha dicho que esa sea la mejor cualidad posible? Oh, qué casualidad: los mejores somos nosotros mismos. Y así todo. Como para fiarse.

Por eso, retomando mi discurso inicial, yo no me fío de mí. Y animo a las personas de mi círculo más cercano a que tampoco lo hagan. Creo que esa disonancia cognitiva generalizada que me caracteriza tiene que ver con un cuestionamiento continuo de *lo que de verdad soy* en relación con *lo que me gustaría ser.* He construido mi yo atendiendo a una imagen externa que no concuerda. Os pongo algunos ejemplos: me gusta ser de izquierdas, que me atraigan más las chicas que los chicos, despotricar del funcionariado, de la propiedad privada, de las hipotecas, de la gente que está «buscando un niño» (odio cuando se hace gala del sexo pragmático). Sin embargo, aunque muchas de estas cosas las exteriorizo porque de verdad las siento, me sucede que soy demasiado tímida y buena chica como para ir por ahí manifestando mi opinión a los cuatro vientos. Soy una persona discreta. O, llamándolo por otro nombre, cobarde. Muy cobarde. Y ahí es donde se produce la disonancia. Además de las mujeres me gustan los hombres; soy más de izquierdas que de derechas, pero tampoco una cándida que mira con admiración a Cuba; intentaría evitar la hipoteca, pero me agradaría tener una vivienda en propiedad; no practico sexo con finalidad reproductiva, pero me parece fatal el sexo sin amor. Es una cuestión de matiz. Teóricamente, exacerbo todos mis valores y ofrezco así una imagen distorsionada de mí misma; en la práctica, soy una persona bastante mesurada y moralista. Esto hace que a menudo la gente se lleve una opinión sobre mí bastante equivocada. A mí misma también me pasa. Me pierdo en mis ideas, ignoro mis hechos, construyo mi personalidad más a través de mis pensamientos que de mis acciones. Me gusta más lo que pienso que lo que hago. ¿Pero quién soy más yo? ¿La celosa o la poliamorosa?, ¿la escritora o la doctora?, ¿la zen o la *yuppie*?, ¿la deportista o la gordita 2.0? Pues todas y a la vez ninguna, me parece. El hecho de que el doctor Fausto me diagnosticara bipolaridad me ha ayudado a entender a esos dos yoes que habitan en mí. Yo soy ambos, como ese Jano bifronte que no quiere perderse ni un detalle de la vida. *Aurea mediocritas*, adorado término medio en donde, si no reside la virtud, al menos sí la ambivalencia, las concomitancias, la duda. Ya estoy cansada de elegir. Soy todas las opciones y a la vez ninguna. Supongo que asumirlo es parte de la tarea que me he propuesto para evitar vivir en esta confrontación conmigo misma que cada vez me hace más daño. Mi insatisfacción con la vida viene de no entender bien cómo soy. Espero que estas páginas me ayuden a identificar el problema. Aunque crear el discurso a menudo es reinventar la realidad. ¿Estaré manipulando aún más las cosas?

Lo que vendrá

Hay una teoría popular que dice que lo que
verdaderamente caracteriza a una persona son sus
secretos. Yo creo que es un error. Describir el sótano de
una casa no es la forma más veraz de describir la casa.

THEODOR KALLIFATIDES

Al principio sentía pudor ante el posible resultado de estas páginas. Pudor y miedo a verme a mí misma como uno de esos escritores egocéntricos que hacen de la autoficción, o de lo *auto* a secas, su único medio de escritura posible. Acabado (o casi acabado) el texto, me doy cuenta de que he sabido soslayar los episodios más íntimos, cuya exhibición habría sido innecesaria, al tiempo que he logrado comunicar los sentimientos y pensamientos asociados a ellos, que en absoluto he hurtado al posible lector. Para contarme los episodios más escabrosos, ya tengo mi diario. O directamente dejo esas vivencias guardadas en mi cabeza: lo que no se cuenta no ha pasado.

Creo que mi propósito a la hora de escribir este ensayito, desahogo personal, esbozo egoliterario o engendro palabresco ha funcionado. Puesto que soy una criatura eminentemente verbal, necesitaba contarme mi historia. Hacerlo de forma parcelada, atendiendo a bloques temáticos en lugar de a cronologías y obligándome a exponerlo diáfanamente ante un supuesto lector (no lector o antilector), me ha servido para ordenar el discurso y verlo desde fuera, como si perteneciera a otra. Y creo que ahí ha estado la clave.

Durante el mes y poco que he tardado en escribir este puñadito de páginas he ido mejorando paulatinamente. Noto el progreso día a día. Siento que ha llegado la hora de ir reduciendo la medicación sin temor a recaídas bruscas. Uno se da perfectamente cuenta de cuándo le sobran las muletas. Todavía no estoy para echar a correr, ni siquiera para ir trotando, pero sí me siento con ganas de volver a andar, aunque sea de forma vacilante. Sé que nada será como era antes. Pasar por una crisis de estas características te transforma. Etimológicamente *crisis* significa «cambio». El término ha acabado adquiriendo un significado peyorativo porque a los seres humanos nos gustan las certezas.

Creo que estoy preparada (o al menos, algo más que cuando empecé a escribir esto) para afrontar los cambios que vayan a sobrevenirme en relación con mi futuro en la universidad. Tengo que lograr el equilibrio y la distancia precisas: horario estricto de trabajo, pleno autocontrol, cero ambición sin objeto. Me gusta la docencia y me gusta la investigación. Cuando sienta ansiedad, procuraré no olvidarme de eso.

Con respecto a la literatura, intento mostrarme un poco más optimista. Me he propuesto volver a mover mi obra: no dejar de participar en premios, de mandar originales a las editoriales (pequeñas o pequeñísimas, muy independientes), de dar la tabarra a algún agente por si tiene a bien representarme.

En lo que concierne al amor, sigo creciendo. Cada vez neutralizo mejor los celos. Hemos llegado a un equilibrio sano en la relación después de casi tres años juntos. Entre ella y yo existe una amistad muy estrecha; entre ella y él, una pasión que aún puede (y debe) perfeccionar sus cauces. Los problemas de pareja (de la pareja primigenia quiero decir: los de él y los míos) han ido disipándose. Creo que todos nos hemos hecho más fuertes en el proceso. Ahora nos unen lazos más sólidos, pero también más elásticos.

La medicación sigue manteniéndome a flote. He reducido aún más el consumo de alcohol (llevo varias semanas sin beber nada) y de cafeína (como mucho, dos tés al día, no muy cargados). Sigo meditando a diario (o casi). Este debe ser el colchón que me evite ir a dar contra el suelo. En lo que concierne al deporte, en mayor o menor medida, también lo practico todos los días. Sigo encontrando en él la conciliación más sana posible entre cuerpo y mente. Está claro que estamos hechos para ir por ahí corriendo y dando saltos.

En definitiva, me parece que, después de un año de depresión, todo empieza a ir cambiando. Y no solo anímicamente, sino con hechos. La mente se modifica haciendo cosas. Yo siento que a lo largo de este año he tenido muchas ideas nefastas, pero también he concebido ideas buenas. Y sobre todo, he tenido las agallas suficientes como para plantearme cambios profundos. Tal vez esta crisis era necesaria para lograr mover algunos milímetros a alguien tan empecinado.

No me arrepiento de haber compartido algunos de mis secretos. Dudo que después de estas páginas vaya a conocerme mejor quien todavía no me conoce. Creo que este texto interesará a las personas que ya saben bien quién soy, y me temo que de entre todas ellas a la que más interese sea a mí misma. De ahí el manifiesto egocentrismo de esta obra, en el que tanto insisto porque de veras que me ruboriza. Aprovecho la última ocasión para pedir mis disculpas al lector que haya llegado hasta este punto. En realidad, escribir estas líneas ha sido como una terapia complementaria a la medicación. Para mí era particularmente imperioso escribirme el discurso. Haya o no distorsionado la realidad en él, me ha servido para clarificarme todo este embrollo.

Me temo que ahora me toca encarar al fin la temida tarea que llevo postergando todas estas semanas. Ha llegado el momento de retomar la ficción, de volver a mi novela inconclusa. Me da pereza, y también algo de miedo. Y esto último puede ser el acicate que necesito. Tendré que volver a enfrentarme a mi creatividad capada. Espero que este ejercicio me haya ayudado a desengrasar el enigmático mecanismo de la escritura. He vuelto a aprender a contar, ahora tengo que recordar cómo se inventaba.

En Córdoba, entre mayo y julio de 2022